KB163600

혼자 아파하는 사람들을 위한

마음치료 처방전

혼자 아파하는 사람들을 위한

마음치료 처방전

김슬기(정신건강의학과 전문의) 지음
하이닥 기획·그림

황익출판사

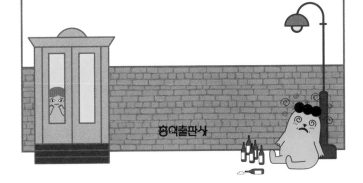

"이 정도 증상으로 정신과 상담까지 받아야 할까요?
제가 너무 유난을 떠는 것 같습니다."
"의무 기록이 남는 정신과보다는 그냥 심리상담소에 갈래요."

네이버 지식인에서 전문 상담의로 활동하며 놀랐던 점은 일반 사람들이 정신건강의학과에 대해 너무나 모르고 있다는 것입니다. 의심 가는 증상에 대해 전문적으로 치료받을 것을 권하면 위처럼 반응하는 사람들이 의외로 많았습니다.

정신건강의학과는 심리상담소와는 엄연히 다릅니다. 정신 질환으로 힘들어할 때, 심리상담소의 상담을 통해 심리적인 지지를 받을 수는 있습니다. 그러나 심리상담소에서 질병에 대한 근본적인 치료를 받기는 어렵기 때문에 단순히 마음이 힘든 게 아니라면 정신건강의학과를 방문하는 게 좋습니다.

정신건강의학과는 내과에서 감기를 치료하려고 약을 처방하는 것처럼 우울함, 불안감 등을 낫게 하기 위해서 정신 치료와 약물 치료를 하는 곳입니다. 이때 정신건강의학과는 물론이고, 어떤 병원 치료의 의무 기록도 본인 동의 없이는 아무도 열람할 수가 없으니 전혀 걱정하지 않아도 됩니다.

환자들이 자신의 몸이나 심리 상태에 어떤 증상을 느끼면서도 선뜻 병원을 찾기 어려워하는 이유는 크게 두 가지로 나뉩니다. 하나는 자신의 질환이 스스로 극복할 수 있는 문제이지 않을까 하는 의구심이고, 다른 하나는 정신 질환에 대한 막연한 거부감과 주변의 부정적인 시선입니다.

이 책은 대표적인 정신과 질환 스무 가지를 가능한 한 쉽게 풀어서 설명하였습니다. 그리고 각각의 질환에 대한 진단 기준과 자주 받았던 질문들을 Q&A 형식으로 정리하였습니다.

챕터마다 수록된 자가 진단에는《미국 정신의학회 정신장애 통계 편람》에서 발췌한 것이 자주 등장하는데, 이는 사실 자가 진단 목적보다는 의사가 환자에게 진단하는 기준으로 쓰이는 것입니다. 때문에 자가 진단 결과 그 질병에 해당하더라도 스스로 확진하면 안 됩니다. 병원에 가서 의사의 정확한 진단을 받아볼 필요가 있다는 정도의 용도로 생각하면 됩니다.

이 책을 통해 정신건강의학에 대한 이해를 높이고 본인이 겪는 증상이 치료가 필요한 문제인지를 판단하는 데 도움이 되었으면 합니다. 또한 정신 질환 역시 다른 모든 질병과 마찬가지로 치료가 필요하다는 것이 널리 알려지기를 바랍니다.

정신건강의학과 전문의 **김슬기**

PART_01

누구라도
걸릴___수
있어요__

chapter 01

우울증

사업하는 부모님 덕분에 유복한 환경에서 자란 나은 씨. 외국 명문대를 졸업했고 대인 관계도 원만해서 부모님께 걱정 한번 끼친 적이 없습니다. 하지만 대기업에 입사해 남부러울 것 없는 삶을 사는 나은 씨는 사실 늘 무기력하고 우울합니다. 휴가를 내어 여행이라도 다녀오라는 조언도 많이 들었지만 아무것도 하고 싶지 않았습니다. 밤에는 잠도 잘 안 오고 이 일을 계속해야 하나 생각하다 보면 피곤한 몸으로 또다시 출근을 해야 하는 일상이 이어졌습니다. 회사에서는 능률이 오르지 않고 업무에 집중을 못 하다 보니 혼나는 일도 잦아져 우울한 마음이 점점 더 커져만 갔습니다.

"제가 힘들다고 하면 '네가 뭐가 부족해서?'라고 하며 아무도 이해해주지 않아요. 저도 제가 왜 이러는지 모르겠어요. 그냥 이렇게 살아서 뭐하나 싶은 마음도 자주 들고 다 내려놓고 싶어요."

• **우울증**: 정신적, 신체적으로 의욕 저하와 기능 저하를 가져오는 질환.

세상에서 내가 제일 불행한 것 같아요

우울해…

우울증에 걸린 사람들은 색안경을 쓰고 있는 것처럼 모든 것이 어둡게만 느껴집니다. 이러한 증상을 '인지왜곡'이라 부르며, 이것은 '자신, 경험, 미래' 세 가지 측면에서 주로 나타납니다. 스스로가 한없이 초라하게 생각되고, 다른 사람들이 날 보고 수군거리거나 무시하는 것 같고, 앞날은 어둡기만 합니다. 좋은 일 따위는 나와 상관없는 일이라는 생각을 하게 되는 것입니다.

많은 사람들이 우울증으로 고생하면서도 병원 문턱을 넘기가 쉽지가 않습니다. 정신과를 찾는다는 게 스스로 문제를 인정하는 것 같기도 하고, 나약하게 느껴지기도 하고요. 하지만 우울증은 전문적인 치료를 받지 않으면 낫기 어려운 질환입니다. 내버려두면 병이 깊어지고, 그만큼 치료 기간도 길어지게 됩니다.

날씨와 우울증의 관계

날씨가 맑고 흐림에 따라 기분 변화가 심한 사람들이 있습니다. 이것

원래 이렇게
세상이 늘 어두운 건가요?

은 햇볕을 받았을 때 합성되는 세로토닌이라는 호르몬의 영향 때문인데요, 흐린 날이나 겨울 같은 계절에는 이 호르몬이 부족해지기 때문에 우울증 발생 빈도가 높아집니다.

세로토닌은 뇌의 신경세포 사이에서 신호를 전달해주는 신경전달물질 중 하나로 소화기능에 관여하여 식욕, 비만, 수면, 근수축을 조절할 뿐만 아니라, 기억력, 판단력, 학습 능력 등 사고기능에 영향을 미칩니다. 따라서 세로토닌이 부족하면 우울증, 불안장애(병적인 불안과 공포로 인하여 일상생활에 장애를 일으키는 정신 질환), 강박장애 등이 생길 수 있습니다. 그래서 우울증 치료약에는 이 세로토닌이 충분히 유지될 수 있도록 하는 성분이 들어 있습니다.

우울한 성격과 우울증의 차이

우울증까지는 아니더라도 우울한 기분이 2년 이상 지속되어 왔다면 '기분부전장애'를 의심해볼 수 있습니다. 기분부전장애는 약한 정도의 우울증으로 평소에는 아무렇지 않다가 스트레스가 심하거나 하면 기분이 나빠지면서 화가 나기도 합니다. 이러한 상태가 점점 많아지고 기간이 길어지면 우울증으로 발전할 가능성이 크기 때문에 증상이 심각하지 않더라도 일찍 치료를 받는 게 좋습니다.

우울증도 유전될까?

부모 중 한 사람이 기분장애(우울증을 포함한 모든 심리적 장애로 크게 우울장애와 양극성장애로 나뉜다)일 때, 아이에게 유전될 확률은 10~25%

입니다. 그러나 부모 모두 기분장애가 있다면 확률은 그 두 배가 됩니다. 가족 중 가까운 사람에게 문제가 있을수록 아이가 발병할 확률은 높아집니다. 기분장애의 유전 위험은 양극성장애, 즉 조울증의 경우가 더 높습니다.

꼭 정신과 약을 먹어야 하나요

많은 사람들이 운동이나 산책, 명상 등을 통해 우울증을 극복할 수 있다고 말합니다. 물론 실제로 이런 활동이 우울증 극복에 도움이 되기도 합니다. 그러나 우울증은 뇌의 호르몬 부족으로 인해 나타나는 질환이기 때문에 약물 치료 없이 완전한 회복을 기대하기는 어렵습니다. 우울증을 효과적으로 다스리기 위해서는 전문의 상담과 약물 치료를 병행하는 것이 좋습니다.

우울증 치료약의 부작용과 그에 대한 의존성을 우려하는 사람들도 흔히 있습니다. 하지만 항우울제는 의존성이 현저하게 낮은 약물입니다. 그리고 그 효과에 비해 부작용은 매우 미미합니다. 고혈압 환자가 혈압을 낮추기 위해 약을 먹는 것과 같이 질병을 꾸준히 관리하는 차원에서 약물 치료는 필요합니다. 약에 대한 막연한 걱정 때문에 치료 시기를 놓치고 병을 키우는 일이 없어야 합니다.

우울증은 내가 나약해서 생긴 병이 아닙니다. 혼자서 힘들어하지 말고 주변에 도움을 청해보세요. 당신은 절대 혼자가 아닙니다.

진 단 체 크

| 진단 | **나도 우울증일까?** | 출처 | 벡 우울 척도
(Beck Depression
Inventory, BDI) |

A. 자신이 '그렇다'라고 느끼는 사항에 체크해보세요.

01 나는 슬프지 않다. [0점] ☐

나는 슬프다. [1점] ☐

나는 항상 슬프고 기운을 낼 수 없다. [2점] ☐

나는 너무나 슬프고 불행해서 도저히 견딜 수 없다. [3점] ☐

02 나는 앞날에 대해서 별로 낙심하지 않는다. [0점] ☐

나는 앞날에 대해서 용기가 나지 않는다. [1점] ☐

나는 앞날에 대해 기대할 것이 아무것도 없다고 느낀다. [2점] ☐

나의 앞날은 아주 절망적이고 나아질 가망이 없다고 느낀다. [3점] ☐

03 실패자라고 느끼지 않는다. [0점] ☐

나는 보통 사람들보다 더 많이 실패한 것 같다. [1점] ☐

내가 살아온 과거를 뒤돌아보면, 실패투성이인 것 같다. [2점] ☐

나는 인간으로서 완전히 실패자라고 느낀다. [3점] ☐

04 나는 전과 같이 일상생활에 만족하고 있다. [0점] ☐

나의 생활은 예전처럼 즐겁지 않다. [1점] ☐

요즘에 어떤 것에서도 별로 만족을 얻지 못한다. [2점] ☐

모든 것이 다 불만스럽고 싫증 난다. [3점] ☐

05 특별히 죄책감을 느끼지 않는다. [0점] ☐

죄책감을 느낄 때가 많다. [1점] ☐

죄책감을 느낄 때가 아주 많다. [2점] ☐

항상 죄책감에 시달리고 있다. [3점] ☐

06 나는 벌을 받고 있다고 느끼지 않는다. [0점] ☐

나는 어쩌면 벌을 받을지도 모른다는 느낌이 든다. [1점] ☐

나는 벌을 받을 것 같다. [2점] ☐

나는 지금 벌을 받고 있다고 느낀다. [3점] ☐

07 나는 나 자신에게 실망하지 않는다. [0점] ☐

나는 나 자신에게 실망하고 있다. [1점] ☐

나는 나 자신에게 화가 난다. [2점] ☐

나는 나 자신을 증오한다. [3점] ☐

08 내가 다른 사람보다 못한 것 같지 않다. [0점] ☐

나의 약점이나 실수에 대해서 나 자신을 탓하는 편이다. [1점] ☐

내가 한 일이 잘못되었을 때는 언제나 나를 탓한다. [2점] ☐

일어나는 모든 나쁜 일들은 다 내 탓이다. [3점] ☐

09 자살 같은 것은 생각하지 않는다. [0점] ☐

자살 생각이 가끔 들지만, 실제로 하지는 않을 것이다. [1점] ☐

자살하고 싶은 생각이 자주 든다. [2점] ☐

기회만 있으면 자살하겠다. [3점] ☐

10 요즘 평소보다 더 울지는 않는다. [0점] ☐

요즘 전보다 더 많이 운다. [1점] ☐

요즘 항상 운다. [2점] ☐

전에는 울고 싶을 때 울었지만, 요즘은 울 기력조차 없다. [3점] ☐

11 요즘 평소보다 더 짜증을 내는 편은 아니다. [0점] ☐

요즘 전보다 더 쉽게 짜증이 나고 귀찮아진다. [1점] ☐

요즘 항상 짜증을 내고 있다. [2점] ☐

짜증스럽던 일이 요즘은 너무 지쳐 짜증조차 나지 않는다. [3점] ☐

12 나는 다른 사람들에 대한 관심을 잃지 않고 있다. [0점] ☐

전보다 다른 사람들에 대한 관심이 줄었다. [1점] ☐

다른 사람들에 대한 관심이 거의 없어졌다. [2점]   ☐

다른 사람들에 대한 관심이 완전히 없어졌다. [3점]   ☐

13 평소처럼 결정을 잘 내린다. [0점]   ☐

전보다 결정을 미룰 때가 더 많다. [1점]   ☐

전에 비해 결정 내리는 데 더 큰 어려움을 느낀다. [2점]   ☐

더 이상 아무 결정도 내릴 수가 없다. [3점]   ☐

14 전보다 내 모습이 더 나빠졌다고 느끼지 않는다. [0점]   ☐

나이 들어 보이거나 매력 없어 보일까 봐 걱정된다. [1점]   ☐

내 모습이 매력 없게 변한 것 같은 느낌이 든다. [2점]   ☐

내가 추하게 보인다고 믿는다. [3점]   ☐

15 전처럼 일을 할 수 있다. [0점]   ☐

어떤 일을 시작하는 데 전보다 더 많은 노력이 든다. [1점]   ☐

무슨 일이든 하려면 나 자신을 심하게 채찍질해야만 한다. [2점]   ☐

나는 아무 일도 할 수가 없다. [3점]   ☐

16 평소처럼 잠을 잘 수 있다. [0점]   ☐

전처럼 잠을 자지 못한다. [1점]   ☐

전보다 한두 시간 일찍 깨고, 다시 잠들기 어렵다. [2점] ☐

평소보다 몇 시간이나 일찍 깨고, 다시 잠들 수 없다. [3점] ☐

17 평소보다 더 피곤하지 않다. [0점] ☐

전보다 더 쉽게 피곤해진다. [1점] ☐

무엇을 해도 피곤하다. [2점] ☐

너무 피곤해서 아무 일도 할 수 없다. [3점] ☐

18 내 식욕은 평소와 다름없다. [0점] ☐

전보다 식욕이 좋지 않다. [1점] ☐

요즘 식욕이 많이 떨어졌다. [2점] ☐

요즘에는 전혀 식욕이 없다. [3점] ☐

19 체중에 별로 변화가 없다. [0점] ☐

전보다 몸무게가 2kg가량 줄었다. [1점] ☐

전보다 몸무게가 5kg가량 줄었다. [2점] ☐

전보다 몸무게가 7kg이상 줄었다. [3점] ☐

20 건강에 대해 전보다 더 염려하지 않는다. [0점] ☐

여러 가지 통증, 소화 불량 등의 신체적 문제로 걱정하고 있다. [1점] ☐

건강이 염려되어 다른 일을 생각하는 데 방해가 된다. [2점] ☐

건강이 너무 염려되어 다른 일은 아무것도 생각할 수가 없다. [3점] ☐

21 요즘 성(性)에 대한 관심이 이전하고 같다. [0점] ☐

전보다 성(性)에 대한 관심이 줄었다. [1점] ☐

전보다 성(性)에 대한 관심이 상당히 줄었다. [2점] ☐

성(性)에 대한 관심을 완전히 잃었다. [3점] ☐

진단 결과

❖ 체크한 항목의 점수를 합산하면 결과를 알 수 있습니다.

00~09점: 우울하지 않은 상태.

10~15점: 가벼운 우울 상태.

16~23점: 중한 우울 상태.

24~63점: 심한 우울증으로 진단.

Q&A

Q 우울증 약을 먹었는데 왜 바로 기분이 좋아지지 않죠?

A 약물 치료의 효과를 보려면 충분한 용량의 약을 적어도 2~3주 이상 꾸준히 복용해야 합니다. 약을 먹고 바로 기분이 좋아진다면 그건 마약일 거예요. 기분 점수 0점을 기준으로 잡고, 너무 좋은 기분을 +10점, 우울해서 죽고 싶은 수준을 −10점으로 한다면, 우울증 약은 −8의 기분을 −1이나 0의 나쁘지 않은 수준으로 맞춰주는 역할을 합니다.

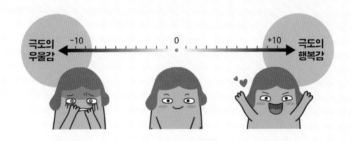

Q 우울증 약을 먹다가 끊으면 다시 증상이 나빠지는 거 아닐까요?

A 많은 분들이 걱정하는 부분이 바로 의존성입니다. 의존성은 신체적 의존과 심리적 의존으로 나뉩니다. 약의 효과가 있다고 느낀 상태에서 약 복용을 놓쳤을 때 '약을 안 먹었는데 괜찮을까?' 하는 심리적인 의존은 쉽게 생길 수 있습니다. 하지만 약을 먹지 않았다고 기분이 급격히 내려간다거나 실제로 신경전달물질의 부족으로 금단 증상이 나타나는 경우는 거의 없습니다. 연구 결과 대부분의 항우울제는 의존이 발생하지 않는 것으로 나타났습니다. 반감기(약효가 떨어지기 시작하는 시간)의 영향으로 갑작스럽게 중단했을 때 금단 증상이 발생할 수 있는 일부 약물을 제외하면 약을 중단한다고 큰 부작용은 나타나지 않습니다.

Q 약은 언제까지 먹어야 하나요? 좀 나아지면 끊어도 될까요?

A 객관적인 판단 없이 약을 중단하면 재발하는 경우가 많습니다. 보통은 상태가 나아지고 나서도 6개월 정도 유지하는 것이 재발 방지에 도움이 됩니다. 주치의와 상의해 서서히 감량하는 방법으로 중단해야 합니다.

Q 우울증은 마음의 감기라고 들었어요. 그러면 감기처럼 가만히 둬도 괜찮아지지 않을까요? 병원 가는 게 너무 부담스러워요.

A 우울증 증상의 정도에 따라 단순한 감기가 될지 더 발전해서 폐렴이 될지는 아무도 알 수 없습니다. 여기에 조증이 더해져 조울증으로 발전하는 경우도 있으니 꼭 전문의의 진단이 필요합니다.

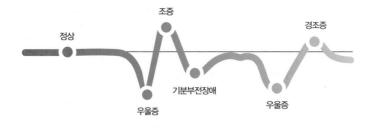

정상   조증   경조증   우울증   기분부전장애   우울증

Q 우울증에 걸린 사람이 가까이 있어요. 제가 뭘 도와줄 수 있을까요?

A '병원에 한번 가보는 게 어때?'라는 말은 가까운 사람이라도 쉽게 하기 어렵습니다. 우울증에 걸린 사람들은 아무리 좋은 말도 들리지 않는 상태이기 때문입니다. 그럼에도 병원에서 기초적인 우울증 진단이라도 받을 수 있도록 계속 도와주어야 합니다.

Q 공무원 승진 시험을 앞두고 있습니다. 요즘 삶에 의욕이 없고, 너무 우울해서 정신과 진료를 받고 싶은데요, 직장에서 정신과 치료 기록을 문제 삼지 않을까 걱정됩니다.

A 의무 기록은 본인이 직접 서류를 신청하지 않는 이상, 본인 동의 없이 타인이나 기관이 절대 열람할 수가 없습니다. 걱정하지 않아도 됩니다.

Q 3년 정도 우울증 약물 치료를 받았는데, 임신에는 문제가 없을까요?

A 약물 치료가 가임 여부에 영향을 주지는 않습니다. 다만 임신 계획이 있다면 태아 기형을 유발할 수 있는 약도 있기 때문에 전문의와 상의해야 합니다.

Q 3년 전 우울증 약물 치료를 1년간 받았으며 완치된 지 2년이 지났습니다. 그런데 요즘 이전과 같은 증상이 다시 나타나기 시작했습니다. 불면이 계속되고 몸은 얻어맞은 것처럼 아픕니다. 우울증이 재발한 건가요? 아니면 단순히 호르몬 때문인가요?

A 우울증이 재발했을 가능성이 큽니다. 현재 약물 치료를 중단한 상태라면 병이 악화되기 전에 다시 병원을 방문하여서 치료하는 것이 좋겠습니다.

공황장애

리나 씨는 일과를 마치고 집으로 돌아오던 중 숨이 막히고 어지러워 쓰러질 것 같아서 응급실을 찾았습니다. 모든 검사를 받았지만 아무런 이상이 없다는 말만 듣고 집으로 돌아왔습니다. 그 이후로도 종종 리나 씨는 막힌 공간에 있으면 쉽게 답답함을 느꼈고 답답함이 곧 숨 막힘이나 공황으로 발전할 수 있다는 생각에 대중교통은 이제 엄두도 내지 못합니다. 언제 또 이런 증상이 나타날지 모른다는 불안감에 잠도 잘 오지 않습니다.

"공황 발작이 갑자기 찾아올지 모른다는 것이 제일 불안해요."

• **공황장애**: 아무 근거 없이 갑자기 공포를 느끼거나 불안감을 느끼는 심리적 불안 상태.

혼자만 느끼는
죽을 것 같은 두려움

숨 막혀...

공황장애는 특별한 이유 없이 극단적인 불안을 느끼는 질환입니다. 전 인구의 5% 이상이 이 증세를 경험할 정도로 흔한 질병이며, 최근 5년 사이 공황장애 발병률이 연평균 10%나 증가했습니다.

공황 상태, 공황 발작, 공황장애

충격적이거나 당황스러울 때 '공황 상태에 빠졌다'라고 표현합니다. 하지만 단순히 공황 상태에 빠진 것과 공황장애에서의 공황 발작은 범위가 다릅니다. 뭔가 원인이 있어서 놀란 상태가 '공황 상태'라면 이유도 없이 갑자기 죽을 것 같고 숨이 턱 막히는 극도의 불안이 공황 발작입니다. 또 이러한 상태가 지속되는 것을 공황장애라고 합니다.

갇혀 있는 두려움

지하철이나 엘리베이터 안, 다리 위같이 막혀 있는 공간에서 두려움을 느끼는 것을 '광장공포증'이라고 부르는데, 공황장애 환자들이 자주 겪는 증상입니다. 명칭만 보면 마치 '광장'처럼 넓은 장소를 무서워하는 것 같지만, 사실 사람들로 가득 찬 광장에 갇혀 급히 탈출하지 못할 것 같은 '상황'에서 두려움을 느끼는 것입니다.

⊜ 두려움이 보내는 신호

공황장애는 정신과 질환이지만 신체적 증상이 분명하게 나타납니다. 사소한 자극을 생명에 위협이 되는 큰 자극으로 인식하기 때문에 심장이 빨리 뛰거나 호흡이 가빠지는 등 자율신경계가 지나치게 예민해지는 증상이 나타납니다.

신체의 변화가 정서를 결정한다는 '제임스–랑게 이론(James–Lange theory)'에 의하면 불안장애 환자, 특히 공황장애 환자의 자율신경계는 다음과 같은 특징을 보입니다.

첫 번째로 교감신경계 농도가 증가합니다. 교감신경계가 활성화되면 커피나 에너지 드링크를 많이 마셨을 때와 비슷한 증상이 나타납니다. 예를 들면, 동공이 커지고 심장이 두근거리며 위장 운동이 저하돼 소화가 잘 안 되는 것이지요. 또한 숨이 가빠지고 혈압이 올라 땀을 많이 흘리게 됩니다.

두 번째는 반복적인 자극이 와도 느리게 적응합니다. 적응이 빨리된다면 자극에 금방 익숙해질 텐데 생각처럼 적응이 잘 안 됩니다.

세 번째는 별것 아닌 자극에도 강렬하게 반응하는 것입니다. 사소한 것에 지나친 반응을 보이는 경우를 말합니다. 이런 상태가 계속된다면 공황장애를 의심해봐야 합니다.

⊖ 어떻게 대처할까?

살면서 죽을 것같이 힘든 상황을 경험하기란 흔치 않습니다. 자신은 굉장히 당황스럽지만 타인은 이해도 못하니 절망스럽기까지 합니다. 공황 증상이 발생한다면 두근거리는 신체와 정신을 안정시켜야 하기 때문에 약물 치료가 가장 효과적입니다.

그러나 약물이 준비되어 있지 않다면 '괜찮아. 난 절대 죽지 않아. 지나갈 거야'라고 생각하며 스스로 마음을 진정시켜야 합니다. 공황 증상은 보통 10분이면 지나가기 때문에 순간적인 대처가 중요합니다. 만약 급작스런 공황장애로 인해 숨쉬기가 곤란하고 어지럽다면 과호흡으로 인한 실신이 일어날 수 있으므로 비닐봉지나 종이컵에 입을 대고 호흡을 안정시켜야 합니다.

⊖ 갑작스러운 공황에 도움이 되는 방법

복식 호흡: 숫자를 하나부터 열까지 천천히 세면서 코로 숨을 들이마시고 배에 공기를 채운다는 기분으로 최대한 부풀린 다음, 다시

열을 세며 천천히 내쉽니다. 복식 호흡을 통해 근육이 이완되면 호흡이 지나치게 빨라진다거나 심장이 빨리 뛰는 증상을 감소시킬 수 있습니다.

안전지대 생각하기: 평소 가장 편안하고 절대적으로 안정감을 느끼는 장소를 안전지대라고 합니다. 갑자기 공황이 찾아오면 평소 생각해왔던 안전지대를 이미지로 그려보세요. 그다음 냄새, 촉감, 따스함 등 모든 감각을 총동원해 그 공간을 완성합니다. 동시에 나를 지지해줄 누군가를 떠올려봅니다. 내가 키우는 강아지일 수도 있고, 사랑하는 사람일 수도 있겠지요. 이렇게 나만의 '절대 공간'을 떠올리는 연습은 갑자기 찾아오는 공황을 극복하는 데 큰 도움이 됩니다.

⊜ 감정을 관찰해보자

공황장애에서는 순식간에 극도로 치닫는 공포의 감정을 느낍니다. 공황이 닥쳤을 때 당황하거나 압도되지 않고 내게 어떤 일이 일어나고 있는지 객관적으로 관찰하려 노력해야 합니다.

그 순간 어떤 느낌이었고 어떤 생각이 들었는지, 특정 상황에서 어떤 감정을 느끼는지, 감정의 추이를 살펴보고 기록해두면 공황이 나를 집어삼키지 않고 내가 조절하고 대처할 수 있는 힘을 키우는 데 도움이 됩니다.

⊜ 혼자 판단은 금물

최근 유명인들이 공황장애로 고통받는 사실을 매체를 통해 호소하면서 공황장애가 많이 알려졌습니다. 그러다 보니 몇 가지 증상만으로 스스로 공황장애라고 진단해버리는 사람들이 늘어났습니다. 그러나 공황 발작의 원인이 뇌혈관 질환이나 심장, 갑상선 등 내과적인 문제일 수 있습니다. 갑자기 가슴이 뛰거나 호흡이 가빠지는 증상이 있다고 모두 공황 발작은 아니니 먼저 내과 병원을 방문해 정확한 검사를 받아야 합니다.

공황장애는 흔히 연예인 병이라고 불릴 정도로 유명 인사들에게서 많이 발생하는 편입니다. 타인의 시선과 반응을 끊임없이 의식해야 하는 직업에서 오는 스트레스 때문일 것입니다. 높은 완치율을 보이

는 질환임에도 많은 사람들이 주변을 의식해 전문가의 진료를 받지 못하고 힘들어하는 경우가 많습니다.

아픈 건 부끄러운 게 아닙니다. 혼자 미련하게 끙끙 앓다가 방치하면 우울증 등 다른 정신 질환으로 이어질 수 있으니, 빠른 시일 안에 전문의를 찾아가 상담 치료와 약물 치료를 받아야 합니다. 약물 치료를 받은 환자의 70~80%는 2~3개월 내에 증상이 많이 호전됩니다. 하지만 바로 완치되는 것은 아니기 때문에 지속적인 치료를 받는 것이 중요합니다.

약 말고 다른 치료 방법이 없을까?

공황장애에는 약물 치료가 굉장히 도움이 되지만 아직까지 거부감을 느끼는 사람들이 많습니다. 공황장애의 비약물적 치료로는 인지행동 치료가 있습니다. 자신이 어떤 상황, 어떤 상태에서 공황이 오는지를 분석해보고 연결 고리를 찾는 것입니다. 불안을 다스릴 수 있게 된다면 감정이 자신을 압도하지 않을 것입니다. 따라서 마음을 편하게 만들어주는 명상, 요가 등을 병행하면 좋습니다.

공황장애는 견디기 힘든 불안입니다. 혼자 힘으로 극복하려 노력하는 것도 중요하지만 전문의와 함께 치료하면 더 안전하고 빠릅니다. 당장 삶의 질이 달라질 수 있기 때문에 약물 치료를 받고 안정을 찾아 일상으로 돌아오는 것이 중요합니다.

약물, 어떻게 작용하는 걸까?

공황장애에서 중요한 신경전달물질로는 과한 행동과 흥분을 억제하는 유도 아미노산(GABA, gamma aminobutyric acid)와 세로토닌을 빼놓을 수 없습니다. GABA가 흥분을 억제하지 못하면 감정을 조절하는 편도체를 비롯한 뇌의 영역들이 과도하게 항진되어 공포 반응이 나타납니다. 이때 항불안약제인 벤조디아제핀(benzodiazepine)을 사용하면 GABA가 역할을 할 수 있게 도와주어 뇌가 안정화됩니다. 세로토닌 약물도 과활성화된 편도체를 세로토닌 수용체를 통해 안정화시켜 줌으로써 공포 반응이 일어나지 않도록 합니다. 위의 약물들은 반드시 의사의 처방으로 정량을 투약해야 합니다.

진 단 체 크

진단	**나도 공황장애일까?**	출처	미국 정신의학회 정신장애 통계 편람–제5판 (Diagnostic and Statistical Manual of Mental Disorders–5th edition, 이하 DSM–5)

A. 아래의 증상들이 반복적으로 갑자기 나타난 적이 있는지 체크해보세요.

01 갑자기 심장이 두근거리거나 빨라진다. ☐

02 땀이 많이 난다. ☐

03 손, 발 또는 몸이 떨린다. ☐

04 숨이 막히거나 답답한 느낌이 든다. ☐

05 종종 질식할 것 같다. ☐

06 가슴이 아프거나 압박감이 든다. ☐

07 메스껍거나 배 속이 불편하다. ☐

08 어지럽거나 쓰러질 것 같다. ☐

09 몸에서 열이 오르거나 오한이 난다. ☐

10 둔하거나 따끔거리는 느낌의 지각 이상이 있다. ☐

11 비현실적인 느낌 또는 내가 아닌 것 같은 느낌이 든다. ☐

12 미쳐버리거나 자제력을 잃어버릴 것같이 두렵다. ☐

13 죽을 것같이 두렵다. ☐

진단 결과

4개 이상 '그렇다'인 경우: 공황장애로 진단.

※ 위의 갑작스러운 공황 발작 증상들이 한 번 이상 일어난 뒤, 추가 발작에 대한 지나친 걱정이나 현저한 행동 변화가 1개월 이상 있다면 분명한 공황장애입니다.

마음치료 처방전

진 단 체 크

진단	**나도 광장공포증일까?**	출처	DSM-5

A. 자신이 '그렇다'라고 느끼는 사항에 체크해보세요.

01 자동차, 버스, 지하철 등 대중교통을 이용할 때 극단적인 두려움과 공포를 느낀다. ☐

02 주차장, 마트, 다리 등 열린 공간에 있을 때 극단적인 두려움과 공포를 느낀다. ☐

03 작은 상점, 극장, 영화관 등 폐쇄된 공간에 있을 때 극단적인 두려움과 공포를 느낀다. ☐

04 줄을 서 있거나 군중 속에 있을 때 극단적인 두려움과 공포를 느낀다. ☐

05 집 밖에 혼자 있을 때 극단적인 두려움과 공포를 느낀다. ☐

진단 결과

2개 이상 '그렇다'인 경우: 광장공포증으로 진단.

※ 이 밖에도 탈출이 어려운 난처한 장소, 예측할 수 없는 상황 등이 두려워 불안해하고 회피한다면 광장공포증을 의심해 볼 수 있습니다.

Q 공황장애도 유전이 되나요?

A 공황장애는 유전병이 아닙니다. 다만 유전적인 성향은 있습니다. 공황장애 부모를 가진 아이의 경우 공황장애에 걸릴 확률이 그렇지 않은 아이에 비해 4~8배가량 증가하게 됩니다. 하지만 공황장애 부모를 가진 아이 중 90%는 공황장애가 발병하지 않으며, 나머지 10%도 유전이 아닌 학습적인 요인이 큽니다. 불안해하는 부모를 보고 자란 아이가 그 불안을 학습하게 되기 때문입니다. 결론적으로 유전적인 영향은 낮습니다.

Q 폐쇄된 공간에 가면 답답하고 불안한데 공황장애인가요?

A 공황 발작이 없고 단순히 폐쇄된 공간을 두려워한다면 공황장애라기보단 폐소공포증에 가깝습니다.

Q 공황장애 약을 먹으면 졸릴 수도 있나요? 낮에 갑자기 불안해 약을 먹었는데 졸리더라고요. 밤에 잠이 오지 않을 때 먹어도 될까요?

A 공황장애에는 일반적으로 벤조디아제핀 계열의 약물 중 빠르게 작용하는 약물을 주로 사용하는데, 이 약물은 일부 환자들에게 수면제로 처방하기도 합니다. 하지만 환자들마다 각자 처한 상황이 다르기 때문에 임의로 복용하기보다는 주치의와 상의하는 것이 안전합니다.

Q 전 지하철 타는 게 무서운데요. 이걸 극복하기 위해서 억지로라도 지하철을 타보는 연습을 하는 게 도움이 될까요?

A 인지행동 치료 중 노출 치료라는 게 있습니다. 말 그대로 두려운 상황에 적극적으로 노출되는 연습을 하는 것입니다. 하지만 처음부터 두려운 공간에 급작스럽게 노출되면 극도의 불안이 발생할 수 있으니 차근차근 단계적으로 하는 것이 안전합니다. 만일을 대비해 친한 친구나 가족 등 나를 진정시켜 줄 수 있는 사람과 함께 가는 게 좋습니다. 처음에는 지하철 입구까지만, 그다음엔 승강장까지만 하는 식으로 조금씩 거리를 늘려가며 도전해야 합니다.

Q 매일 타는 버스에서 갑작스럽게 답답함을 느껴도 공황장애인가요?

A 아무 문제가 없는 사람들도 가끔 막힌 공간에서 답답함을 느낄 수 있습니다. 다만 그것이 압도적으로 두려운 감정이라면 공황장애를 의심해야 합니다.

Q 열심히 공부한 과목의 시험을 보는 중 가슴이 두근거리고 시험지의 글씨가 어른거려 결국 시험을 망쳤습니다. 늘 이런 패턴으로 시험을 망치는데, 치료를 받아야 할까요?

A 무대공포증을 완화하기 위해 무대에 오르기 전 복용하는 약물이 있습니다. 단순히 시험 때만 같은 상황이 반복된다면 그 약물을 처방받아 복용하는 것도 도움이 될 수 있습니다.

chapter 03

+

알코올의존증

경인 씨는 사교적이고 유쾌한 사람입니다. 자신을 잘 챙겨주는 아내와 똑똑한 유치원생 아들이 있고, 경제적으로도 여유로운 생활을 하고 있습니다. 그런 경인 씨에겐 아무에게도 말 못 할 문제가 있습니다. 지독한 외로움과 허무한 감정이 좀처럼 사라지지 않는다는 것입니다. 이런 감정은 대학 시절부터 시작돼 외로울 때마다 혼자 술을 마셨습니다. 직장을 가지고 업무적으로 술을 마실 일이 늘어나자 상황은 더욱 심각해졌습니다. 회식 후에도 술이 모자라 집에 가는 길에 소주 한 병을 사 들고 가기까지 합니다.

늘 '딱 한 잔만 마셔야지' 하는 생각으로 시작하지만 한 잔이 두 잔 되고 어느덧 한 병이 다 비워집니다. 아쉬운 기분이 듭니다. 이제 좀 기분이 좋아질까 말까 하던 차인데 말이죠. 아내에게 맥주를 사 오라고 시킵니다. 아내는 신경질을 내지만 술만 마실 수 있다면 상관없습니다. 아내가 술을 사러 가지 않자 말다툼이 시작됩니다. 결국 비틀거리며 본인이 술을 사러 나섭니다. '내가 오죽했으면 술을 마시겠냐.' 자신의 마음을 이해해주지 못하는 아내가 야

속한 생각도 듭니다. 아내는 아이를 재우고는 혼자 방에 들어가 방문을 닫아버립니다. 자신이 이 집에서 불필요한 존재라는 생각이 듭니다. 경인 씨는 혼자 거실에 앉아 점점 더 술을 마시고 취해갑니다.

'딱 한 잔만 마시고 자야지….'

• **알코올의존증**: 음주로 자신의 건강이나 일, 사회적인 장애가 발생되지만 음주를 중단할 수 없는 상태.

딱 한잔만 더 할까?

술은 취해야 맛이지!

많은 사람들이 알코올의존에서 빠져나오지 못하는 이유는 의지가 부족해서라고 말합니다. 하지만 의지만으로 해결될 문제였으면 알코올중독이라고 부르지도 않았을 것입니다.

중독은 뇌 신경 세포의 흥분을 전달하는 신경전달물질인 도파민(dopamine)이 작용하는 쾌락 중추와 관련 있습니다. 술은 쾌락 중추를 자극해 도파민 분비를 촉진해서 일시적으로 기분이 좋아지게 만듭니다. 지속적으로 술을 마시면 뇌가 술에 익숙해지고, 제 기능을 하기 위해 일정량의 술을 계속 필요로 하게 됩니다. 게다가 일정량의 술에 익숙해진 뇌는 같은 양의 술로는 도파민 분비를 하지 못하기 때문에 필요한 술의 양은 점점 늘어나게 됩니다. 이처럼 알코올의존증은 의지보다 훨씬 강력한 뇌의 '갈망' 문제입니다.

매일 만취해야만 의존증이다?

알코올의존 환자 전부가 매일 폭음하는 건 아닙니다. 주말마다 폭음

한다거나, 수개월간 폭음하다가 상당 기간 술을 마시지 않는 패턴을 보이는 환자들도 있습니다. 술을 마시고 나서 필름이 끊기는 현상이 종종 나타나고, 음주가 일상생활에 지장을 준다면 알코올의존증을 의심해야 합니다.

종종 밤에 잠이 오지 않아 한 잔 두 잔 마시던 술이 의존증으로 이어지는 경우도 있습니다. 술은 수면제가 아닙니다. 몸을 이완시키고 정신을 몽롱하게 하는 효과는 있지만 깊은 수면을 방해하기 때문에 오히려 수면의 질을 떨어뜨립니다.

술은 뇌의 정상적인 활동을 방해하고 판단력을 흐리게 합니다. 술을 마셔서 기분이 좋아진다고 하지만 일시적으로 긴장이 풀리는 효과일 뿐, 다시 생각해보면 술 마신 다음 날 기분이 좋지 않았던 기억이 더 많을 겁니다.

술을 잘 마시는 체질이에요

술을 많이 마셔도 별로 취해 보이지 않고, 본인도 그리 취한다는 느낌을 못 받는 사람들이 있습니다. 주변에서 흔히 볼 수 있는 '주당(酒黨)'들의 특징입니다. 잘 취하지 않는 사람일수록 더욱 걱정 없이 술을 마시는데, 알코올의존자의 자녀들에게 이런 경우가 많다는 것을 알아야 합니다. 알코올의존증은 유전이 60%, 환경적 요인이 40%인 만큼 만약 가족력이 있다면 미리 조심하는 것이 좋습니다.

손이 떨리는 건 첫 번째 신호

술을 평상시에 많이 마셨던 사람의 손이 떨리는 것은 금단 증상 중 하나로, 몸이 술에 익숙해져 있다는 첫 번째 중독 신호입니다. 제가 진료한 환자 중에는 술 마신 다음 날 손이 떨리는 것을 알아채고 다른 사람들 눈에 띌까 봐 술을 더 마시고 일을 했다는 사람도 있습니다. 금단 증상이었으니 음주로 증상을 당장 완화할 수는 있었겠지만 결국 알코올의존증은 더 심각해집니다. 해장술이라는 것도 비슷합니다. 숙취가 괴로운 건 술이 깨면서 나타나는 현상인데 술이 깨지 않도록 다시 술을 들이부으니 마치 속이 편해진 것 같은 착각을 일으키는 것입니다.

그럼 술은 언제 깰까?

소주 한 잔을 분해하는 데 대략 한 시간이 필요합니다. 68kg의 성인 남자가 술 한 잔을 마실 경우 혈중알코올농도가 15~20mg/dl 상승하게 되며 한 시간 안에 분해할 수 있습니다. 반면 개인마다 차이가 있지만 여성의 경우 남성보다 알코올 분해 능력이 떨어져 술 깨는 시간이 좀 더 오래 걸립니다.

알코올의존증은 왜 입원을 해야 하나?

입원하지 않으면 술을 끊기 힘든 환자들이 많습니다. 오랜 음주로

혈중알코올농도에 따른
신체의 평균 반응

혈중알코올농도	신체 반응
0.05%	사고력, 판단력, 자제력 감퇴함.
0.1%	움직임이 둔해짐.
0.2%	뇌의 운동 영역 기능이 떨어지고 감정과 행동을 조절하기 어려움.
0.3%	정신이 혼미해지고 잠이 듦.
0.4%	혼수상태에 빠짐.
0.4% 이상	호흡과 심장박동에 문제가 생기며 사망에 이를 수 있음.

몸이 많이 망가진 상태에서 급성 알코올 중독 증상이 나타나면 생명이 위험해집니다. 금단으로 섬망 증상(과다행동을 나타내는 것으로 예를 들어 안절부절못하고, 잠을 안 자고, 소리 지르거나 과격한 행동을 하는 증상)이나 환각을 경험하기도 하고, 심하면 발작을 일으키기도 하거든요.

이때 적절한 약물 치료와 수액 치료가 동반되어야만 안전하게 해독 과정이 이루어질 수 있습니다. 그뿐 아니라 알코올의존증 환자들은 대부분 우울증과 같은 다른 질환들도 함께 가지고 있기 때문에 입원 기간 동안 동반 질환을 확인하고 필요한 약물 치료도 함께해야 합니다.

진 단 체 크

진단	**나도 알코올의존증일까?**	출처	알코올사용장애 선별검사

A. 자신이 '그렇다'고 느끼는 사항의 점수를 적으세요.

01 얼마나 술을 자주 마십니까?

전혀 마시지 않는다. [0점] ☐   월 1회 이하 [1점] ☐

월 2~4회 [2점] ☐   주 2~3회 [3점] ☐

주 4회 이상 [4점] ☐

02 주종과 상관없이 술을 마시면 한 번에 몇 잔 정도 마십니까?

1~2잔 [0점] ☐   3~4잔 [1점] ☐

5~6잔 [2점] ☐   7~9잔 [3점] ☐

10잔 이상 [4점] ☐

03 한 번에 소주 1병, 혹은 맥주 4병 이상 마실 때가 얼마나 자주 있습니까?

전혀 없다. [0점] ☐   월 1회 미만 [1점] ☐

월 1회 [2점] ☐   주 1회 [3점] ☐

거의 매일 [4점] ☐

04 지난 1년간 술을 마시기 시작하면 멈출 수 없었던 때가 얼마나 자주 있었습니까?

전혀 없다. [0점] ☐   월 1회 미만 [1점] ☐

월 1회 [2점] ☐   주 1회 [3점] ☐

거의 매일 [4점] ☐

05 지난 1년간 평소 같으면 할 수 있던 일을 음주 때문에 실패한 적이 얼마
나 자주 있었습니까?

전혀 없다. [0점]   ☐   월 1회 미만 [1점]   ☐

월 1회 [2점]   ☐   주 1회 [3점]   ☐

거의 매일 [4점]   ☐

06 지난 1년간 술을 마신 다음 날 해장술이 필요했던 적은 얼마나 자주 있었
습니까?

전혀 없다. [0점]   ☐   월 1회 미만 [1점]   ☐

월 1회 [2점]   ☐   주 1회 [3점]   ☐

거의 매일 [4점]   ☐

07 지난 1년간 음주 후 죄책감이 든 적이 얼마나 자주 있었습니까?

전혀 없다. [0점]   ☐   월 1회 미만 [1점]   ☐

월 1회 [2점]   ☐   주 1회 [3점]   ☐

거의 매일 [4점]   ☐

08 지난 1년간 음주 때문에 전날 밤 있었던 일이 기억나지 않았던 적이 얼마
나 자주 있었습니까?

전혀 없다. [0점]   ☐   월 1회 미만 [1점]   ☐

월 1회 [2점]   ☐   주 1회 [3점]   ☐

거의 매일 [4점]   ☐

09 음주로 인해 자신이나 다른 사람이 다친 적이 있었습니까?

전혀 없다. [0점] ☐

있지만 지난 1년 동안은 없었다. [2점] ☐

지난 1년간 있었다. [4점] ☐

10 친척이나 친구, 의사가 당신이 술 마시는 것을 걱정하거나 술 끊기를 권유한 적이 있습니까?

전혀 없다. [0점] ☐

있지만 지난 1년 동안은 없었다. [2점] ☐

지난 1년간 있었다. [4점] ☐

진단 결과

❖ 각 항목의 점수를 합산하면 결과를 알 수 있습니다.

00~08점: 양호.

09~15점: 상습적 과음주자로 주의 필요.

16~19점: 문제 음주자로 적절한 조치가 필요.

20점 이상: 알코올의존증으로 진단.

알코올의존증

Q&A

Q 알코올의존증은 왜 생길까요?

A 알코올의존은 일상에서의 스트레스나 과거의 트라우마를 잊고자 선택한 회피의 수단 중 하나입니다. 망각을 돕기 위한 일시적인 방편이지요. 그래서 우울증이나 불안장애가 동반되는 경우가 많습니다.

Q 알코올의존증은 불치병인가요?

A 치료가 어려운 건 사실이지만 불치는 아닙니다. 주변 환경이 뒷받침해주고 스스로 치료하고자 하는 의욕이 있다면 충분히 나을 수 있습니다.

Q 알코올의존증은 개인의 문제일까요?

A 알코올의존증이 가족의 책임이라고 할 순 없지만, 가족의 지지가 알코올의존증에서 회복되는 데 결정적인 영향을 미칩니다. 가족의 도움이 가장 필요한 환자군 중 하나입니다.

Q 술에서 빨리 깨려면 어떤 음식을 먹어야 하죠?

A 내 몸에 들어 있는 알코올 분해 효소 수는 정해져 있습니다. 분해 속도도 몸 상태의 차이일 뿐, 음식으로 술 깨는 속도를 크게 변화시킬 수는 없습니다. 다만 술이 빨리 희석될 수 있도록 충분한 양의 수분을 섭취한다거나, 알코올이 분해될 때 필요한 당이 부족하지 않도록 꿀물이나 단 음식을 섭취해주면 몸이 회복되는 시간을 조금이나마 당길 수 있습니다.

마음치료 처방전

Q 사업상의 이유로 거의 매일 술을 먹지만 제가 좋아서 먹는 것은 아닙니다. 과음을 하지도 않고, 혼자 있을 때는 마시지도 않습니다. 자주 마신다는 이유만으로 알코올의존증이라고 볼 수 있나요?

A 알코올의존은 말 그대로 술에 의존하는 것입니다. 술 없이는 일상생활이 불가능하다는 것인데, 본인이 원해서가 아니라 단순히 업무적인 이유로 술을 마신다면 알코올의존증이라 보기는 어렵습니다.

Q 잠들기 전 아내와 와인 한 잔씩 합니다. 어느 날부터인가 아내도, 저도 그렇게 하지 않으면 잠들 수가 없습니다. 알코올의존증인가요?

A 와인 한 잔씩 마시다 잠이 들지 않아 한 병을 마시게 되었다면 의심해볼 수 있지만 매일 한 잔 마시는 정도로 알코올의존증이라고 보긴 어렵습니다.

Q 술자리 분위기를 좋아하고, 술을 즐기는 20대 여성입니다. 알코올의존증이 아닐까 걱정되는 마음으로 진단을 했는데요, 아니나 다를까 알코올의존증이라고 진단받았습니다. 그런데 일상생활에는 아무 문제 없어요. 왜 그런 걸까요?

A 아직 젊어서 간이 버티고 있을 뿐, 지속되면 간 기능도 떨어질 수밖에 없습니다. 아직 20대인데 일상생활에 문제가 있을 정도라면 입원 치료가 필요한 수준입니다. 더 늦기 전에 술을 줄이거나 외래에서 치료를 시작하길 바랍니다.

chapter 04
+

외상 후 스트레스장애

음식을 잘못 먹고 자꾸 토해서 병원을 방문한 상현 씨는 매사에 무기력하고 우울한 증상을 호소했습니다. 상현 씨는 어린 시절 아버지로부터 상습적인 폭행과 학대에 가까운 체벌을 받고 자랐습니다. 매번 부모님이 싸울 때마다 방문 뒤에서 벌벌 떨었다고 합니다. 아버지의 학대와 부모님의 싸움은 상현 씨가 생각하고 싶지 않은 기억이었을 겁니다.

결국 상현 씨는 살아남기 위해 기억을 지우기 시작했고, 많은 부분을 기억하지 못하게 되었습니다. 구멍이 숭숭 뚫려버린 그의 인생은 어딘가 공허해 보입니다.

"어린 시절의 내가 없는 것 같아 괴로워요."

• **외상 후 스트레스장애**: 전쟁이나 사고, 자연재해 등의 사건을 경험한 후 공포감이나 고통을 느끼는 질환.

자꾸 떠오르는 잊고 싶은 기억

평상시 우리는 크고 작은 스트레스에 노출되어 살아갑니다. 스트레스의 크기는 받아들이는 사람에 따라 다릅니다. 예를 들면 가벼운 자동차 접촉 사고 이후 별일 없이 운전을 잘하는 사람이 있는 반면, 운전대만 잡으면 사고 생각이 나 운전을 전혀 할 수 없는 사람도 있습니다.

이렇게 어떤 사고 이후 반복적으로 그 일이 생각나거나 관련된 꿈을 꾸고, 자기도 모르게 멍해지거나 작은 자극에도 예민해지는 증상을 외상 후 스트레스장애(post traumatic stress disorder, 이하 PTSD)라고 부릅니다.

⊜ 큰 트라우마와 작은 트라우마

PTSD에서의 외상은 '트라우마(trauma)'를 말하는데, 그 정도에 따라 '큰 트라우마'와 '작은 트라우마'로 나눌 수 있습니다. 큰 트라우마는 직접적으로 생명을 위협받았거나 그런 광경을 목격한 경우를 말합니다. 예를 들면 자연재해나 사고, 성폭행, 강도 등의 사건을 들 수 있습니다.

반면 작은 트라우마는 어렸을 때 크게 혼났던 일, 실망한 부모님의 눈빛, 주변의 차가운 말 한마디 등 다소 일상적인 경험들 중 마음에 상처로 남는 사건들을 말합니다. 언뜻 보면 작은 트라우마는 누구나 한 번쯤 겪어봤을 사소한 사건들이라 트라우마라 부르기엔 약해 보일 수 있습니다. 하지만 이런 사건들을 자주 겪게 되면 결국 자아의 성장에 많은 상처를 입기 때문에 복합적인 PTSD로 진행되기도 합니다.

⊖ 여러 감정이 얽히고설킨 PTSD

상현 씨는 큰 트라우마에 가까운 상처를 많이 가지고 있습니다. 그의 삶은 상처투성이입니다. 살아가기 위해 '억제(repression)'라는 방어기제를 사용해야만 했습니다. 이는 기억뿐 아니라 그 순간의 감정까지도 억누르게 합니다. 자신이 아버지에게 학대받으며 느꼈던 서러움을 인정하게 되면 그게 정말 사실이 되어버려 감정을 억제할 수밖에 없었던 것입니다.

슬픈 감정을 해소해야 건강해질 수 있는데, 이건 마치 뭘 먹었는지도 모르고 체한 것과 같이 답답한 상황입니다. 알 수 없는 감정에 휩싸여 우울함만 느끼던 상현 씨는 자신이 지웠던 기억을 조금씩 꺼내보고 당시의 감정을 드러내면서 치료를 통해 조금씩 호전되었습니다.

경험하지 않은 사건의 충격

트라우마는 일반적으로 본인이 직접 경험하거나 목격한 사건에 의해 발생하지만, 직접 겪은 사건이 아니어도 트라우마로 남기도 합니다. 2014년 4월에 발생한 세월호 여객선 침몰 사고도 그중 하나입니다. 많은 사람들이 대리 외상을 경험하면서 마치 자신의 가족을 잃은 듯한 슬픔에 우울하거나, 여객선에 대한 공포심이 생기는 등 PTSD 증상을 보이기도 했습니다.

내 의지만으로는 해결이 안 된다

"네 의지로 잘 극복하면 돼."

"이제 그만 잊어버려."

트라우마를 겪은 사람들이 주변에서 자주 듣는 충고입니다. 많은 사람들이 트라우마를 본인의 의지로 극복해야 한다고 생각하지만 이는 잘못된 접근 방법입니다. PTSD는 트라우마로 인해 편도체, 해마 등 뇌 구조가 변하면서 생긴 질환입니다. 본인 의지와는 상관없이 진행되기 때문에 전문적인 치료가 필요합니다.

PTSD는 약물 치료로 우울감, 불안감 등의 증상을 완화시키고 상담 치료를 통해 안정감을 향상시킬 수 있습니다. 또 EMDR(eye movement desensitization and reprocessing) 치료법도 효과적입니다. 잠을 자는 사람의 감은 눈을 가만히 살펴보면 안구가 좌우로 움직이는 것을 볼 수 있습니다. 이는 수면 중 낮에 있었던 많은 일들을 정리하는 과정인데, EMDR은 눈을 좌우로 움직이며 비슷한 과정을 만들어줌으로써 트라우마의 기억들을 안전한 기억망에 저장될 수 있도록 도와줍니다. 이는 외상의 원인이 된 사건을 안정적인 기억들과 연결하는 방식으로 보다 근본적으로 치료하는 것입니다.

트라우마, 치료가 가능한 이유

타임머신을 타고 트라우마가 생기기 전으로 되돌아갈 수만 있다면 얼마나 좋을까요? 하지만 현재로썬 불가능합니다. 과거의 기억을 바꿀 수는 없습니다. 대신 그 사건을 어떻게 바라보고 받아들이는가는 자신이 결정할 수 있는 부분입니다.

트라우마가 있는 사람에게는 가혹하게 들릴 수 있겠지만 괴로운 과거에 매여 고통받는 사람은 다른 누구도 아닌 바로 '나'입니다. 이는 마음 아프고 두려운 과거에서 헤쳐나와야 하는 것도 나라는 뜻입니다. 트라우마 치료는 가능합니다. 포기하지 말고 마주 보시길 바랍니다.

진 단 체 크

진단	**나도 PTSD일까?**	출처	DSM-5

A. 자신이 '그렇다'라고 느끼는 사항에 체크해보세요.

01 아래의 '반복 증상'이 한 달 동안 계속된다면 체크하세요.

사고 기억이 불쑥불쑥 튀어나와 고통스럽다. ☐

사고가 나는 꿈을 꾼다. ☐

다시 사고가 나는 것처럼 느껴진다. ☐

사고를 떠올리면 고통스럽다. ☐

사고를 떠올리면 심장이 두근거리거나 진땀이 난다. ☐

한 가지 이상인 경우 '그렇다' ☐

02 아래의 '회피와 무감각 증상'이 한 달 동안 계속된다면 체크하세요.

사고와 관련된 생각, 느낌, 대화를 피한다. ☐

사고와 관련된 행동, 장소, 사람을 피한다. ☐

사고의 중요한 부분이 기억나지 않는다. ☐

중요한 활동에 흥미나 참여가 줄어들었다. ☐

다른 사람들과 거리감이 생긴다. ☐

감정이 무뎌졌다. ☐

앞날이 막막하다. ☐

세 가지 이상인 경우 '그렇다' ☐

03 아래의 '과민 반응'이 한 달 동안 계속된다면 체크하세요.

잠을 못 자거나 자주 깬다. ☐

신경이 날카로워져 자주 화를 낸다. ☐

집중하기 어렵다. ☐

위험하지 않을까 지나치게 살핀다. ☐

잘 놀란다. ☐

두 가지 이상인 경우 '그렇다' ☐

진단 결과

3개 모두 '그렇다'인 경우: PTSD로 진단.

Q 지금 잘 지내고 있는데 왜 생각하기도 힘든 사건을 이야기해야만 하나요? 이야기하면 어떻게 나아진다는 거죠? 오히려 어두운 기억이 떠올라서 괴로워질 것 같아요.

A 트라우마는 진료실 등 안전한 장소에서 재경험할 경우 상처가 완화될 수 있습니다. 그러나 트라우마가 너무 강렬해서 기억을 마주할 준비가 되지 않았는데 억지로 노출시켰다가 현재의 삶이 무너져버릴 수도 있기 때문에 본인이 원하지 않는다면 굳이 끄집어낼 필요는 없습니다. 다만 아무에게도 이야기하지 못해 억울하고 답답해서 힘들었다면 전문가에게 상담하면서 치료를 하는 것이 좋습니다.

Q 1년 전 어머니께서 갑작스럽게 교통사고로 돌아가셨어요. 이제 곧 기일인데 가슴이 답답하고 갑자기 눈물이 나고, 장례식장에서 들었던 곡소리가 환청처럼 들려요. 이런 증상도 PTSD인가요?

A PTSD로 볼 수 있습니다. 가까운 사람의 죽음으로 나타나는 우울증과 비슷한 증상을 '애도 반응'이라고 합니다. 보통은 약 3개월 동안 지속되고 점점 회복이 됩니다. 그러나 어머니의 갑작스러운 죽음으로 이 애도 반응이 더 크고 오래 나타날 수 있습니다. 상담을 통해 편안한 상황에서 어머니의 죽음을 충분히 이야기하고 슬퍼할 수 있는 과정을 거친다면 다시 일상으로 돌아오는 데 도움이 될 것입니다.

Q 자동차 사고가 나기 전의 제 모습으로 돌아가고 싶어요.

A 자동차 사고와 같은 단일 트라우마 환자의 경우, EMDR 등으로 극적인 치료 효과를 보기도 합니다. 회복할 수 있다고 믿으세요. 중요한 건 포기하지 않는 것입니다.

Q 약물 치료는 PTSD에 어떤 도움을 주나요?

A PTSD 증상은 잠을 못 자고 자꾸 괴로운 생각들이 떠오르는 것입니다. 이는 편도체라는 뇌의 영역이 과활성화되어 있기 때문인데 약물 치료로 이러한 증상을 안정화시킬 수 있습니다.

Q 오래 사귄 남자친구와 헤어진 뒤, 어떤 사람과도 사귀고 싶어지지 않습니다. 전 남자친구와 너무 아프게 헤어져서 그런 것 같습니다. 이젠 사랑을 못 할 것만 같아요. 이 경우에도 치료가 필요할까요?

A 사람마다 기간은 다르지만 이별 후 약 2개월 동안은 우울증에 가까운 증상이 나타나기도 합니다. 생활에 지장을 줄 정도로 무기력하거나 힘든 상태가 아니라면 치료까지는 받지 않아도 좋습니다.

chapter 05

스마트폰 중독

오늘 아침도 해미 씨는 스마트폰 알람 소리에 일어나 알람을 끄기 위한 게임을 합니다. 침대에서 일어나 양치를 하는 동안에도, 밥을 먹으면서도 눈은 계속 스마트폰을 보고 있습니다. 포털 사이트의 뉴스를 검색하기도 하고, 어제 SNS에 올린 내 사진에 누가 '좋아요'를 눌렀는지 확인해보고 댓글에 일일이 답장을 씁니다. 친한 친구들과의 단체 채팅방에서는 아직 읽지 않은 메시지가 30개나 된다며 빨간색 알림 표시들이 해미 씨를 재촉합니다.

복잡한 출근길에도 절대로 스마트폰을 놓을 수 없습니다. 어제 보다 잠들어버린 예능 프로그램을 마저 봐야 하거든요. 출근을 해서도 해미 씨는 스마트폰을 2분에 한 번씩 습관적으로 확인합니다. 딱히 연락이 오지 않는데도 말이죠. 퇴근길엔 틈틈이 뉴스와 웹툰을 봅니다. 수시로 확인하던 SNS에 친구가 해외에서 고급 호텔을 배경으로 사진을 찍었네요. 배는 아프지만 난 담대한 사람이니 '좋아요'를 눌러줍니다.

그리고 저녁을 먹으면서도 자주 가는 포털 사이트 커뮤니티에서 새로운 게시글을 읽습니다. 이렇게 수십 개를 읽다 보면 한두 개 정도는 뭔가 도움 될 만한 정보를 얻게 됩니다. 잠자리에 들려고 하는 해미 씨 방의 불은 꺼졌 지만 스마트폰의 환한 불빛은 당최 꺼질 줄을 모릅니다.

• **스마트폰 중독**: 일상생활을 간섭할 정도로 스마트폰을 과다하게 사용하는 장애.

스마트폰은
나의 분신이에요

밥 먹는 내 모습
한 장!

지난 2014년 한 여고생이 스마트폰과 함께 묻어달라는 유서를 남기고 자살한 사건이 있었습니다. 외로움을 달래줄 친구가 스마트폰밖에는 없었던 여고생의 상황을 생각하면 정말 안타까운 일입니다. 친구이자 애인이자 선생님 역할까지 하는 스마트폰이 빠르게 보급되면서 어느새 우리 생활 깊숙이 자리 잡았는데요, 최근 스마트폰을 스마트하게 사용하기보다는 스마트폰을 만지고 보고 확인하는 행위 자체에 중독된 사람들이 점점 많아지고 있습니다.

🔍 당신도 노모포비아증후군?

밥 먹을 때도 수시로 스마트폰을 확인하거나 기본 2시간 이상 스마트폰을 보다가 잠든다면 '노모포비아(nomophobia)증후군'일 수 있습니다. 노(no)+모바일(mobile)+포비아(phobia)의 합성어로 휴대전화가 없는 상황을 견디지 못하고 불안해하는 증상을 말합니다.

이 외에도 잠을 자는 도중에 일어나 문자메시지를 확인하고 다시 잠든 뒤, 다음 날 기억하지 못하는 '몽유 문자병'이나 아무런 알림이 없는데도 스마트폰 진동을 느끼는 '유령진동증후군' 등 스마트폰에 집착하는 증상이 많이 발생하고 있습니다.

⊟ 무언가에 중독되는 이유

스마트폰 중독처럼 우리는 왜 무언가에 중독될까요? 우리 뇌에 있는 쾌락 중추에서는 기분을 좋게 만드는 도파민을 분비하는데, 술이나 스마트폰이 쾌락 중추를 자극해 도파민의 분비량을 증가시키기 때문입니다. 여기서 문제는 자극이 반복되면서 점점 강한 자극에 반응하게 되는 것입니다. 따라서 자극을 멈추고 일상으로 돌아오면 지루하고 답답한 기분이 듭니다. 그러면서 뇌는 점점 흥분을 추구하는 뇌로 변하고 현실에 무감각해지면서 사회성까지 결여될 수 있습니다.

⊟ 본인은 모른다

스마트폰은 단점보단 장점이 많으니 일상적으로 사용한다고 해서 나

뺄 것 없지 않나 생각할 수 있습니다. 궁금한 정보를 바로 검색할 수 있고 버스 도착 시간도 미리 알려주고 쉽게 물건을 구매할 수 있어 편리하니까요.

하지만 정말 괜찮을까요? 스마트폰에 의지하면 할수록 나의 삶을 사는 게 아니라 제임스 캐머런 감독의 영화 〈아바타〉처럼 스마트폰 뒤에 숨어 그 세상 안에서 살게 됩니다. 커피숍에서 약속을 잡아 만나는 대신 메신저로 친구들과 피상적인 안부만 묻고, 내 SNS에 '좋아요'가 몇 개나 있는지 확인하기 위해 자주 스마트폰을 들여다봅니다.

이렇게 되면 '진짜 나'는 스마트폰만 보고 있고 주변의 풍경이나 사람들은 그냥 지나쳐버립니다. 다른 사람의 멋진 경험에 '좋아요'만 누르다 세월이 가 버릴 수도 있습니다. 가만히 생각해보면 너무 아깝지 않나요?

정작 본인은 자신이 얼마나 심각한 중독에 빠졌는지 모릅니다. 알코올의존증 환자도 항상 취한 상태에서 자신은 취하지 않았다고 말하고, 술은 얼마든지 끊을 수 있다고 주장합니다. 이처럼 중독자는 자신을 합리화하고 현실을 부정하는 것이 특징입니다. 부정이 심해지면 자신의 인생까지 부정할 수 있습니다. 따라서 올바른 자기 인식과 현실 직시가 필요합니다. 현재의 내 모습을 객관적으로 볼 수 있다면 스마트폰 중독에서 쉽게 벗어날 수 있습니다.

⊖ 사용하지 않는 게 정답

이미 익숙해진 스마트폰에서 벗어나기란 쉽지 않습니다. 우선 사용 시간을 정해놓고 통제된 환경에서 스마트폰을 쓰거나 일반 휴대전화를 사용해 활용도를 점차 낮추는 방법도 좋습니다.

하지만 단순하면서도 가장 확실하게 노모포비아를 없애는 방법은 바로 스마트폰을 사용하지 않는 것입니다. 가장 어려운 방법입니다. 비밀번호를 걸어놓는 등 물리적으로 사용할 수 없게 만든 후에 스마트폰이 생각나지 않게 야외 활동이나 다른 취미를 갖는 노력이 필요합니다.

진 단 체 크

진단	**나도 스마트폰 중독일까?**	출처	한국과학기술개발원

A. 자신이 '그렇다'라고 느끼는 사항에 체크해보세요.

01 스마트폰이 없으면 손이 떨리고 불안하다. ☐

02 스마트폰을 잃어버리면 친구를 잃은 느낌일 것 같다. ☐

03 하루에 스마트폰을 2시간 이상 사용한다. ☐

04 스마트폰에 설치한 애플리케이션이 30개 이상이고 대부분 사용 ☐
한다.

05 화장실에 스마트폰을 가지고 간다. ☐

06 스마트폰 키패드가 컴퓨터 자판과 같은 배열의 쿼티 방식이다. ☐

07 스마트폰으로 글자 치는 속도가 남들보다 빠르다. ☐

08 밥을 먹을 때도 한손에 스마트폰을 쥐고 있다. ☐

09 스마트폰을 보물 1호라고 여긴다. ☐

10 스마트폰으로 쇼핑을 한 적이 2회 이상 있다. ☐

진단 결과

3~4개: 스마트폰 중독 위험군.
5~7개: 스마트폰 중독 가능성이 있음.
8개 이상: 스마트폰 중독으로 진단.

마음치료 처방전

Q&A

Q 스마트폰을 쓰지 않으면 외톨이가 될 것 같아 불안해요. 그래서 그때그때 즉각적으로 꼭 답을 해야 직성이 풀려요. 그러다 보니 늘 스마트폰을 놓지 못해 일상생활이 어렵고, 무엇에도 집중할 수가 없어요. 스마트폰 사용도 덜하고 인간관계도 지킬 수 있는 방법이 없을까요?

A 채팅이나 SNS를 통해 주고받는 말들이 그 사람과의 관계를 유지하는 데 있어 얼마나 중요한 역할을 하고 있을까요? 만약 특정 애플리케이션을 사용하지 않아서 정리될 사이라면 애초에 중요한 사람도 아니었을 거예요. 정말 전달해야 하는 중요한 이야기가 있다면 전화를 하거나 문자 메시지를 주고받을 수도 있으니까요. 너무 불안해하지 말고 스마트폰 사용의 득실을 잘 따져보시길 바랍니다.

Q 스마트폰 중독이 심한 것 같아요. 무엇부터 해야 할지 모르겠어요.

A 사용 시간을 당장 줄이려고 한다면 어려울 거예요. 일단 자주 사용하는 애플리케이션을 먼저 지워보는 게 어떨까요? 그리고 스마트폰을 확인하지 않는 시간을 늘려가는 겁니다. 뭔가 강렬한 욕구가 들었을 때 그걸 행하면 중독이 유지되고, 행하지 않는다면 그 고리를 끊을 수 있습니다. 스마트폰 대신 할 수 있는 것들의 목록을 작성해보는 것도 도움이 됩니다.

Q 스마트폰을 자주 쓰면 불임 가능성이 커진다는데 사실인가요?

A 스마트폰에서 나오는 전자파로 인해 정자의 DNA가 변형되거나 기능이 떨어지는 등 불임 확률이 높아질 수 있다는 연구가 늘어나고 있습니다. 아직 정확히 말하기는 어렵지만 충분히 가능성이 있는 이야기예요.

chapter 06

치매와 섬망

동하 씨는 요즘 부쩍 기억력이 깜빡깜빡합니다. 언젠가부터 대화를 하다가 잘 알던 단어가 생각나지 않고, 공과금 내는 날이나 약속 시간을 잊는 일이 종종 있습니다. 그런데 요즘은 딸과 통화를 하면서 "전화가 어디 있지?" 하며 계속 휴대전화를 찾는다거나, '전화기'를 '순화기'라고 말하는 등 이런저런 실수가 늘어났습니다. 최근엔 늘 다니던 은행을 다녀오다가 길을 잃어버려 아내에게 전화를 하는 일까지 생겼습니다. 왜 멀쩡하던 동하 씨에게 이런 일이 일어나는 걸까요?

• **치매와 섬망**: 섬망은 갑자기 시작되는 급성 질환으로 원인을 제거하면 회복된다. 치매는 서서히 진행되는 만성질환으로 개인별 차이는 있지만 회복되기 어렵다.

내 머리 속에 지우개가 있다

강풀 만화를 원작으로 한 영화 〈그대를 사랑합니다〉의 천진난만한 순이 할머니부터, 기억이 사라지는 병에 걸린 여자와 평범한 남자의 사랑을 다룬 영화 〈내 머리 속의 지우개〉의 수진까지, 치매는 우리에게 굉장히 익숙한 질환입니다.

반면 섬망은 흔한 노인 질병이지만 많이 알려져 있지 않아 간혹 증상이 비슷한 치매와 헷갈려 합니다.

치매와 섬망

치매는 기억력과 인지기능 저하를 특징으로 합니다. 증상으로는 단어가 떠오르지 않거나 엉뚱한 단어를 사용하는 실어증(aphasia), 전화를 쓰는 방법을 잊어버리거나 밥 짓는 방법을 잊는 등의 행동 능력에 문제가 생기는 실행증(apraxia), 감각을 느끼는 기관엔 문제가 없지만 사물을 잘 알아보지 못하는 실인증(agnosia), 뭔가를 계획하고 행동으로 옮기는 집행기능(executive function)의 저하 등이 있습니다.

섬망은 체력이 많이 떨어졌을 때 나타나기 때문에 주로 입원 환자에게서 많이 볼 수 있습니다. 사람을 알아보지 못하고 횡설수설하면서 주삿바늘을 뽑거나 간호인을 발로 차고 소리를 지르는 등의 증상으로 갑작스럽게 인지 저하가 나타나며 의식이 흐려집니다.

치매와 섬망은 어떤 점이 다를까?

가장 중요한 차이는 의식이 흐려지는 것입니다. 치매의 경우 의식은 또렷한데 오늘이 며칠인지 지금 있는 곳이 어딘지 헷갈리는 모습을 보이는 데 비해, 섬망의 경우는 의식이 또렷하지 않고 전반적인 인지 기능이 모두 떨어집니다.

또한 치매는 먼저 날짜나 시간에 대한 감각이 떨어지고 그다음으로 장소, 마지막으로 사람을 잘 알아보지 못하는 순서로 진행됩니다. 그러나 섬망은 순서 없이 모든 것이 뒤죽박죽 망가집니다. 밤인지 낮인지, 옆에 있는 사람이 누군지, 심지어는 자신이 누군지도 모르고 벌레가 기어간다, 귀신이 보인다 등 헛소리를 하기도 합니다. 낮이나

온몸에 벌레가 기어다니는 것 같아!

밤이나 기억력 차이가 나지 않는 치매와 달리 밤이면 악화되는 것도 섬망의 특징입니다.

또한 섬망은 중증 환자에게 일시적으로 나타날 수도 있습니다. 입원 치료를 받는 내과 환자의 10~30%, 중환자실에 입원해 있는 환자들 중 30% 정도에서 섬망이 관찰되는데 이는 원래 문제였던 건강 상태가 나아지면 없어질 수 있습니다.

그러나 섬망은 일시적인 인지기능의 저하임에도 그만큼 상태가 좋지 않다는 의미이기 때문에, 곧 병세가 더 악화될 수 있다는 징후이기도 합니다. 노인 환자가 입원 기간 중 섬망 증상을 보이면 입원 중 사망률이 20~75%, 퇴원 후 1개월 내에 사망 15%, 퇴원 후 6개월 내에 사망이 25%나 됩니다.

⊜ 섬망의 흔한 원인

원인	해당 질환
중추신경계의 문제	뇌손상, 뇌출혈, 뇌졸중
대사 질환	고혈압, 당뇨, 전해질 불균형
전신 질환	감염, 외상, 탈수, 화상
약물	통증에 관련된 약물(데메롤, 모르핀), 항생제, 스테로이드, 항히스타민제, 항콜린제제, 혈압약 등

그 외에 간, 신장, 호흡기 계통 등의 장기에 손상이 심하면 섬망이 나타날 수 있습니다. 섬망을 치료하기 위해서는 섬망의 원인을 먼저 해결하는 게 중요합니다. 안절부절못하는 증상이 심할 때는 항정신병약물(antipsychotics drugs)을 소량 사용해서 진정시키기도 합니다. 가족이나 친척 등 아는 사람이 간병을 해주는 것이 좋고 시계나 달력을 근처에 두고 정기적으로 사람, 장소, 시간에 대해 알려주는 것도 도움이됩니다. 밤에는 불을 약하게 켜두고 창이 있는 방에서 치료를 받는 게좋습니다. 적절한 수액 공급을 통해 전해질을 안정화시켜 주고, 폐의기능을 평가하는 지표인 산소포화도 등을 확인해서 몸 상태가 나빠지지 않도록 지켜봐야 하기 때문에 집보다는 병원에서의 치료를 권합니다.

치매의 원인과 종류

치매의 여러 가지 종류 중 가장 흔한 두 가지는 '알츠하이머 치매'와 '혈관성 치매'입니다. 전체 치매 환자의 75%가 이 두 가지에 해당합니다. 우리가 흔히 떠올리는 치매는 알츠하이머로 전체 치매의 50~60%를 차지합니다. 이 치매는 나이가 많아질수록 걸릴 위험이 큽니다. 위험 요소로는 여성, 치매의 가족력, 머리를 다쳤던 과거력, 다운증후군, 19번 염색체 중 아포지방단백질(apolipoprotein) E의 형이상 등이 있습니다.

두 번째로 발병률이 높은 혈관성 치매는 고혈압 환자들에서 많이 발생합니다. 여자에 비해 남자에게 흔하고 전체 치매의 15~30%에 해당합니다. 이 혈관성 치매는 출혈이나 허혈(피가 뇌로 전달이 잘 안 되는 것)로 인해 뇌의 일부가 손상되어 기억력에 문제가 생기는 것입니다. 고혈압이 있다거나 고지혈증처럼 혈액이 끈적해져 있는 경우 혈관이 좁아지기 때문에 발생하기가 쉽습니다.

그 외에 피크병(Pick's disease)이라고 불리며 욱하는 성격 변화가 특징인 전두-측두엽 치매, 환시가 반복되는 루이소체 치매(Lewy body dementia) 등이 있습니다.

우울증과 치매

가끔 치매 같다며 가족들이 어르신들을 병원에 모시고 옵니다. 그러나 정밀 검사해보면 우울증인 경우가 많습니다. 둘 다 기억력이 떨어지고 깜빡깜빡하면서 일상생활에 문제가 생기기 때문에 헷갈리기 쉽습니다.

이 두 증상은 기억력 테스트를 해보면 확연히 차이가 납니다. 치매 환자들은 어떻게 해서든 질문을 맞히려고 애를 쓰는데 잘 풀리지 않는 반면, 우울증 환자들은 애초부터 테스트에 불성실한 모습을 보이며 대부분의 질문에 '잘 모르겠다'고 답합니다.

⊖ 치매의 약물 치료는?

도네페질(donepezil)과 같은 콜린에스터레이스(cholineesterase) 억제제를 주로 사용합니다. 기억에 관여하는 아세틸콜린(acetylcholine) 분해 효소를 억제함으로써 아세틸콜린이 좀 더 활성화될 수 있도록 하는 약물입니다.

또 다른 약물로는 메만틴(memantine)이 있는데, 이 약물은 글루타메이트(glutamate)라는 신경전달물질의 신경 독성으로부터 뇌 신경을 보호해주는 역할을 합니다.

하지만 이러한 약물들이 아직까지는 치매의 치료보다는 진행 속도를 늦추는 것에 불과해서 조기에 발견하고 치료를 시작하는 것이 중요합니다.

| 진단 | **섬망 진단하기** | 출처 | DSM-5 |

A. 진단이 필요한 사람을 관찰한 뒤 해당 사항에 체크해보세요.

01 집중력과 주변 환경을 인지하는 능력이 떨어진다. ☐

02 01과 같은 문제가 단기간에 발생했고 하루 중에도 집중력이나 인지 능력, 의식 수준의 변화가 있다. ☐

03 기억력과 공간 지각능력, 언어 기능이 떨어지는 등 추가적인 인지 기능의 저하가 발생한다. ☐

04 01~03이 기존의 다른 인지장애로 인한 증상이 아니다. ☐

05 01~03의 증상이 어떤 신체적인 문제로 인한 것이거나 물질의 중독이나 금단, 독성 물질에 노출되었거나 하는 증거가 있다. ☐

진단 결과

5개 모두 '그렇다'인 경우: 섬망으로 진단.

진 단 체 크

진단	**치매 진단하기**	출처	한국형 간이 정신상태 검사

A. 두 명이서 하는 진단입니다. 진단이 필요한 사람에게 질문해주세요.

01 올해는 몇 년도입니까? [1점]

02 지금은 무슨 계절입니까? [1점]

03 오늘은 며칠입니까? [1점]

04 오늘은 무슨 요일입니까? [1점]

05 지금은 몇 월입니까? [1점]

06 우리가 있는 곳은 어디입니까? [1점]

07 여기는 무슨 시/군입니까? [1점]

08 여기는 무슨 구/읍/면입니까? [1점]

09 여기는 건물의 몇 층입니까? [1점]

10 이 장소의 이름이 무엇입니까? [1점]

11 세 가지 물건의 이름을 말하겠습니다. 다 듣고 따라하세요. 몇 분 후에 다시 물어볼 테니 기억하세요.
방금 들었던 세 가지 물건의 이름을 말하세요. [각 1점씩, 3점]
(예: 나무, 자동차, 모자)

12 100에서 7을 빼면 무엇입니까? [1점]
그 숫자에서 7을 빼면 무엇입니까? [1점]
그 숫자에서 7을 빼면 무엇입니까? [1점]
그 숫자에서 7을 빼면 무엇입니까? [1점]
그 숫자에서 7을 빼면 무엇입니까? [1점]

13 11에서 제가 기억하라고 한 세 가지 물건은 무엇입니까? [각 1점씩, 3점]

(예: 나무, 자동차, 모자)

14 (예: 시계) 이것은 무엇입니까? [1점]

(예: 연필) 이것은 무엇입니까? [1점]

15 '간장공장공장장'을 따라하세요. [1점]

16 종이를 한 장 줄 겁니다. 그러면 종이를 오른손으로 받아서 반으로 접은
다음, 무릎 위에 올려놓으세요. [각 동작에 1점씩, 3점]

17 다음 그림을 따라 그려보세요. [정확하게 따라 그리면 1점]

18 옷은 왜 빨아서 입습니까? [1점]

(예: 더러워서.)

19 '티끌 모아 태산'은 무슨 뜻입니까? [1점]

(예: 아무리 작은 것이라도 모이면 큰 것이 된다.)

진단 결과

❖ 맞힌 문항의 점수를 합산하면 결과를 알 수 있습니다.

24점 이상: 정상.

20~23점: 치매 가능성이 있음.

19점 이하: 확실한 치매로 진단.

Q 이미 치매에 걸린 상태라면 약을 먹어도 소용없지 않을까요?

A 치매는 계속 진행되는 질환입니다. 약물을 복용하면 더 나빠지는 걸 막을 수도 있고, 가벼운 치매는 약물 복용 후 호전되기도 합니다.

Q 거동을 못 하는 치매 환자의 보호자입니다. 몸이 많이 안 좋아지면서 응급실도 자주 가게 되는데 병원에 모시기엔 죄책감이 들어서 힘드네요.

A 요즘에도 집에서 모시지 않으면 효도가 아니라고 생각하는 사람들이 많습니다. 물론 일상생활에 지장이 없고 건강도 괜찮다면 가족과 함께 있는 것이 당연히 좋습니다. 그러나 건강이 악화된 상태라면 언제든 응급치료가 가능한 곳에서 회복을 하는 것이 안전한 방법이라고 생각합니다.

Q 파킨슨병과 치매는 다른가요?

A 파킨슨병 환자 중 20~30%가 치매를 함께 앓고 있기 때문에 두 질환이 비슷하다고 생각할 수 있지만, 파킨슨병은 도파민이라는 신경전달물질이 부족하여 생기는 운동신경 질환으로 인지기능 질환인 치매와 다릅니다.

Q 가족 중 한 명이 자꾸 헛것이 보인다고 하고, 누군가 돈을 훔쳐갔다고 의심해요. 이런 증상도 치매인가요?

A 기억력, 인지기능 저하 등 치매의 주요 증상이 있으면서 자꾸 가족들을 의심한다면 치매일 가능성이 큽니다.

Q 일흔 살 아버지께서 큰 수술을 하신 뒤 헛소리를 자주 하십니다. 보통 1~2주 뒤에 괜찮아진다는데 차도가 안 보여요. 언제까지 지켜만 봐야 할까요?

A 큰 수술의 여파로 컨디션이 상당히 저하된 것 같습니다. 주치의와 상의하여서 약물을 조절해보고 호전되지 않는다면 현 상태를 판단하기 위한 검사들을 진행하는 게 좋습니다.

Q 최근에 젊은 사람도 치매에 걸릴 수 있다는 기사를 보았습니다. 요즘 흔히 쓰던 단어가 생각이 안 나고, 물건을 자주 잃어버리는데 치매 전조 증상인가요? 너무 불안해요.

A 건망증은 스트레스가 많은 현대인에게 자주 나타나는 증상입니다. 우울증이나 불안장애 같은 정신과 질환이 있을 때 나타날 수도 있습니다. 치매의 확률이 높지는 않지만 걱정이 된다면 정신건강의학과를 방문해서 상담을 받아보는 것이 좋겠습니다.

Q 술이나 담배를 하면 치매 걸릴 확률이 높아지나요?

A 알코올성 치매라는 분류가 따로 존재할 정도로 술은 기억력에 악영향을 미칩니다. 그러나 담배는 각성 효과가 있기도 해서 치매에 직접적인 영향을 준다고 보긴 어렵습니다.

PART_02

내_일 상 이
괴 로 운___
이_____유

chapter 01

+

강박장애

연지 씨는 프리랜서 작곡가입니다. 항상 완벽한 음악을 만들어야 한다는 생각 때문에 아무것도 할 수 없어 고민입니다. 한 줄 쓰고 지우고, 또 쓰고 지우고를 반복하다 하루가 다 가기도 합니다. 그렇게 마감 일자를 훌쩍 넘기면 전화기에서는 불이 납니다. 연지 씨는 오늘도 몇 줄 적은 악보를 모두 지워 버리고, 내일부터 완벽하게 다시 시작해보리라 마음먹지만 텅 빈 모니터 화면을 마주하는 것이 두렵기만 합니다.

연지 씨는 잠깐 동안 회사를 다니다가 그만둔 적도 있습니다. 처음 하는 일이니 서투른 게 당연한데도 실수 때문에 비난을 받을까 봐 두려워 출근한 지 2주 만에 일을 그만뒀습니다. 이렇게 포기를 반복하다 보니 난 잘할 수 없다는 부정적인 생각만 눈덩이처럼 커져 항상 자신감이 없습니다.

"완벽하지 않으면 아무 소용도 없단 말이야."

• **강박장애**: 자신의 의지와 상관없이 어느 한 가지 생각에 불안해지고 그 불안을 해소하기 위해 어떤 행동을 반복적으로 하는 장애.

유별나지만
신경 쓰이는 걸 어떡해

강박장애는 네 번째로 흔한 정신과 질환으로 외래환자의 10%가 이에 해당합니다. 강박장애에는 강박 사고와 강박 행동이 있습니다. 내가 원하지 않는 생각이 자꾸 들어오는 것을 '강박 사고'라 하며, 자신만의 규칙들을 만들고 그대로 행동해야 직성이 풀리는 것을 '강박 행동'이라고 합니다.

흔한 정신과 질환 Top 4

1위 공포증

2위 알코올이나 담배와 같이 물질과 관련된 중독 질환

3위 우울증

4위 강박장애

강박장애라고 하면 가스레인지 불을 껐는지 문을 잠갔는지 몇 번씩 확인하는 것, 쉴 새 없이 손을 씻는 것, 숫자와 열을 맞춰서 물건을 정리하는 행동 등이 떠오릅니다. 영화 〈이보다 더 좋을 순 없다〉에서

잭 니컬슨이 열연했던 주인공 멜빈처럼 선을 밟지 않고 길을 걷는다 거나 장갑을 끼고 손잡이를 만지는 등의 행동이 비교적 잘 알려진 증상들입니다. 하지만 내가 생각하고 싶지 않은데도 지나친 생각들이 머릿속을 파고드는 듯한 증상 또한 강박장애의 한 종류입니다.

⊖ 강박장애의 종류

첫 번째는 '오염(contamination)'입니다. 가장 흔한 강박 증상으로 사소한 접촉에도 더러워졌다고 생각하고 과도하게 청결을 유지하려는 것입니다. 손의 껍질이 벗겨질 정도로 씻는다거나 한 번 쓴 물건은 다시 쓰지 않는 등의 강박이 여기 해당합니다.

두 번째는 '병적인 의심(pathological doubt)'입니다. 이는 나를 향한 의심입니다. '내가 불을 껐던가? 문을 잠갔나?' 확인하고 또 확인하는 패턴입니다. 자잘한 걱정이 많은 사람들에게 주로 나타납니다.

세 번째는 '강박 침습적 사고(obsessiveintrusive thoughts)'입니다. 내 의지와는 상관없이 계속 생각이 떠오르는 증상입니다. 불길한 장면이 스쳐 지나가기도 하고 안 좋은 말이 떠오르기도 합니다.

마지막으로 '대칭(symmetry)'이라는 증상도 있습니다. 각을 잡아서 옷을 개어놓거나, 물건들을 항상 반듯하게 또는 대칭으로 정리 정돈을 하는 것이 여기 해당합니다.

⊜ 강박은 생각보다 가까이에 있다

사실 강박은 누구에게나 있습니다. 약한 수준의 강박은 공부를 열심히 하거나 일을 똑 부러지게 할 수 있는 장점이 되기도 하지만 지나치면 일을 진전시킬 수 없어 낭패를 보기도 합니다. 완벽주의인 사람들이 강박적인 경우가 많은데, 뭐든지 완벽해야 한다는 생각으로 스스로나 주위 사람들을 힘들게 하곤 합니다.

⊜ '대~충'이 안 되는 사람들, 강박과 완벽주의

예시로 나왔던 연지 씨가 '대충, 적당히'가 되면 얼마나 좋을까요? 본인도 그렇게 하고 싶을 것입니다. 하지만 그게 쉽지 않습니다. 내 마음이 내 맘대로 안 되는 게 강박이니까요.

　강박장애는 신경전달물질인 세로토닌의 불균형으로 '걱정-강박 회로'가 과도하게 항진되면서 발생합니다. 이 세로토닌의 불균형을 바로잡기 위한 약물 치료와 불안을 느끼는 상황에 노출시킨 후 반응을 보는 행동 치료 등이 있습니다.

⊜ 다이어트가 강박을 만든다?

다이어트를 하면서 없던 강박이 생기기도 합니다. 칼로리를 계산하는 습관이 생겨 음식을 먹을 때마다 신경 쓰게 되고 칼로리가 높은 음식

을 먹으면 불안해지기도 합니다.

또한 다이어트는 운동 강박을 만듭니다. '걷지 않으면 안 될 것 같은' 강박을 호소하는 환자도 있고, 어떤 사람은 특정 몸무게에 집착하기도 합니다. '난 몇 킬로그램을 넘어서는 안 돼'라고 항상 생각하고 몸무게에 집착합니다. 다이어트에 성공해 저체중이 되면 강박은 더 심해지기 때문에, 이런 경우 정상 체중으로 회복하는 일이 우선입니다.

강박은 어디에 문제가 생긴 것일까?

뇌의 기저핵(basal ganglia)이 강박과 관련이 있습니다. 비슷한 부위에 문제가 생긴 질환으로는 투렛장애, 틱장애, 측두엽 간질 등이 있습니다.

만약 원인이 있어서 생긴 강박이면 먼저 그 원인을 치료하는 게 필요합니다. 여기에는 약물 치료와 인지행동 치료가 많이 사용되는데, 특히 인지행동 치료는 강박장애의 악순환 고리를 찾아내어 끊어주는 방법을 말합니다. 강박 증상은 누구나 있을 수 있지만 그 정도가 심해서 일상생활에 지장을 준다면 치료를 받아보는 것이 좋습니다.

진 단 체 크

진단	**나도 강박장애일까?**	출처	모즐리 강박 척도 (Maudsley Obsessive Compulsive Inventory, MOCI)

A. 자신이 '그렇다'라고 느끼는 사항에 체크해보세요.

01 병균에 감염될지도 모른다는 생각 때문에 공공기물의 사용을 꺼린다. ☐

02 추잡한 생각들이 자꾸 떠오르고 그런 생각들을 지워버리기 어렵다. ☐

03 다른 사람들에 비해 정직함을 중요하게 생각한다. ☐

04 제시간에 일을 끝낼 수 없어 늦어진다. ☐

05 동물을 쓰다듬고 나면 감염이 되지 않을까 매우 걱정한다. ☐

06 수도꼭지, 자물쇠를 잠그는 것 등 사소한 일을 매번 확인하곤 한다. ☐

07 나는 매우 양심적이다. ☐

08 내 의지와 상반되는 불쾌한 생각들이 거의 날마다 떠올라 기분이 상한다. ☐

09 우연히 다른 사람과 몸이 부딪치면 지나치게 신경을 쓴다. ☐

10 매일 하는 단순한 일도 지나치게 신경을 쓴다. ☐

11 부모님께서는 나를 매우 엄하게 키우셨다. ☐

12 나는 일을 반복해서 하기 때문에 내 일에 대해서 훤히 알고 있다. ☐

13 나는 다른 사람들보다 비누를 더 많이 쓰는 편이다. ☐

14 어떤 숫자들은 매우 불길한 의미를 지니고 있다고 생각한다. ☐

15 편지를 보내기 전에 쓴 것을 몇 번씩 확인한다. ☐

16 외출하려고 옷을 입을 때 오래 걸리는 편이다. ☐

17 청결에 대해서 지나치게 신경 쓴다. ☐

18 너무 세세한 것까지 신경을 쓴다. ☐

19 너무 깨끗한 화장실은 더럽힐까 봐 주저하게 된다. ☐

20 무엇이든지 반복해서 확인해야 한다. ☐

21 병균이나 질병에 대하여 지나치게 걱정하는 편이다. ☐

22 어떤 일을 한 번 이상 확인하는 편이다. ☐

23 일상적인 일을 할 때도 정해진 절차를 엄격하게 따르는 편이다. ☐

24 돈을 만지고 난 다음에는 내 손이 더러워졌다는 생각이 든다. ☐

25 일상적인 일을 할 때도 하나하나 생각하는 버릇이 있다. ☐

26 아침에 세수하는 시간이 오래 걸린다. ☐

27 소독약을 많이 쓰는 편이다. ☐

28 일들을 반복해서 확인하느라 매일 많은 시간을 허비한다. ☐

29 저녁에 옷을 걸거나 개어놓느라 시간을 많이 쓰는 편이다. ☐

30 일을 매우 주의 깊게 했어도 그것이 잘되지 않았다는 생각이 들곤 한다. ☐

진단 결과

10개 이상 '그렇다'인 경우: 강박장애 가능성이 있음.
15개 이상 '그렇다'인 경우: 강박장애로 진단.

Q&A

Q 강박장애가 있는데, 강박적인 행동을 꾹 참는 게 도움이 될까요?

A 물론입니다. 강박 행동에 저항하지 않는 경우 강박증의 예후가 좋지 않습니다. 약물 치료보다는 스스로도 강박 행동에 굴복하지 않는 것이 장기적으로 봤을 때 바람직합니다.

Q 강박장애의 증상 중 예후가 좋다고 예상되는 경우도 있나요?

A 있습니다. 발병 이전의 건강 상태가 좋을 때, 병을 유발한 분명한 사건이 있을 때, 질환이 잠깐 나타났을 때 등을 들 수 있습니다.

Q 저는 제가 잘못한 일에 대해 자꾸만 떠올리게 되는데 이것도 강박인가요?

A 지금 감정 상태는 어떤가요? 자신의 잘못에 대해 곱씹는 증상은 우울증에서 흔히 나타나는 증상으로 강박 사고와는 조금 다릅니다. 현재나 미래보다 지나간 사건에 집착하고 떠오른 생각에 저항하지 않는 것이 강박장애와는 차이가 있습니다.

Q 강박장애는 어떤 성별이나 연령대에서 많이 걸리나요?

A 강박장애는 남녀 유병률이 비슷합니다. 다른 불안장애의 경우 보통 여성이 많은데 강박장애는 남녀 차이가 거의 없습니다. 연령대는 만 25세 이전에 걸리는 경우가 강박장애 환자 중 60%로 많습니다.

Q 강박장애와 강박성 성격장애는 다른가요?

A 꼼꼼하고 완벽주의인 성향이 비슷하게 느껴질 수 있겠지만 전혀 다른 질환이라고 보면 됩니다. 강박장애는 강박 사고와 강박 행동이 치료가 필요한 수준의 질환이라면 강박성 성격장애는 청소년기부터 시작된 융통성 없고 완고한 일종의 성격입니다.

Q 초등학교 다니는 아이가 손톱을 물어뜯는 버릇이 있습니다. 손톱이 자라는 것을 참을 수 없다고 합니다. 강박장애인가요?

A 이 한 가지 행동만으로 강박장애로 보기는 어렵습니다만 여러 상황들에 대해 아이의 이야기를 더 들어봐야 할 것 같습니다.

Q 강박장애도 어느 날 갑자기 생길 수 있나요?

A 그럼요. 스트레스를 심하게 받는 일이 생겼다거나 심한 체중 감량으로 뇌가 쪼그라든다면 없던 강박장애가 갑자기 생길 수도 있습니다.

Q 다른 사람의 옷에 머리카락 한 올이라도 붙어 있으면 반드시 떼어주어야 직성이 풀려요. 간혹 제가 지나치게 지적해서 기분 나빠하는 사람도 있는데 강박장애인가요?

A 강박적인 성향이 있는 수준입니다. 일상생활이 괴로울 정도가 아니니 강박장애로 볼 수 없습니다.

불면증

'오늘은 잘 수 있을까?'

잠잘 시간이 되면 은주 씨는 늘 불안합니다. 살면서 한 번도 푹 자본 적이 없는 것 같습니다. 자려고 눕기만 하면 왜 그리 잡다한 소리들이 모두 신경을 건드리는지…. 냉장고 돌아가는 소리, 시계 초침의 똑딱 소리, 고양이가 바스락거리는 소리조차도 은주 씨가 푹 자게 내버려두질 않습니다. 침대에 누워 말똥말똥하게 시간을 보내고 있자니 온갖 생각이 다 떠오릅니다.

'보고서는 언제 다 끝내지? 과장님이 모레까지 달라고 했는데…. 왜 나한테만 그런 어려운 일을 시키는 거야.'

온갖 생각들이 꼬리에 꼬리를 물어 도무지 잠이 오질 않습니다. 고개를 절레절레 흔들며 잡생각들을 뿌리치고 이번엔 양을 세어봅니다.

'양 한 마리, 양 두 마리, 양 세 마리….' 어째 세면 셀수록 머리가 또렷해지는 기분이 듭니다. 그렇게 한참을 뒤척인 끝에 잠깐 잠이 들었습니다. 이번엔 무수히 많은 꿈을 꿉니다. 조급한 마음 때문인지 상사에게 쫓기기도 합니다.

한 30분 정도 누워 잔 것 같은데 벌써 알람이 울립니다.
은주 씨는 언제나처럼 오늘도 생각합니다.
'아, 더 자고 싶다.'

• **불면증**: 수면의 시작이나 유지가 어렵고, 원기 회복이 되지 않는 수면을 호소하는 수면장애. 내
과 질환, 우울장애 등 타 정신과적 장애나 약물 등이 원인이 되지 않는 경우에 한한다.

하루라도
푹 한번 자봤으면…

말똥말똥

시험을 앞둔 전날 잠을 설쳐본 경험은 누구나 한번씩 있을 것입니다. 사랑했던 연인과 헤어진 후 여러 가지 생각에 잠이 안 오기도 하고, 금방 본 드라마 생각에 쉽게 잠에 빠져들지 못합니다. 불면증은 말 그대로 잠을 못 이루는 증상을 말합니다. 또한 잠이 들기 어려운 것뿐만 아니라 잠에서 일찍 깨거나 중간중간 자주 깨는 것도 이에 해당합니다.

사람은 인생의 3분의 1 동안 잠을 잡니다. 그만큼 수면의 질은 삶에 중요합니다. 또한 생존에도 필수적입니다. 오랜 시간 동안 강제로 잠을 자지 못하면 결국 심각한 신체·인지적 기능 저하가 일어나거나 죽을 수도 있습니다.

⊜ 수면 상태의 두 종류

수면 상태의 종류로는 렘(REM, rapid eye movement)수면과 비렘(NREM, non-rapid eye movement)수면 두 가지가 있습니다. 렘수면은 전체 수면 시간의 25%를 차지하며, 자고 있지만 깨어 있을 때와 신체

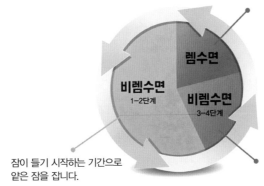

꿈을 꾸는 기간으로 눈동자의
움직임이 관찰됩니다.
활성 상태가 깨어 있을 때와
비슷합니다.

렘수면

비렘수면
1-2단계

비렘수면
3-4단계

잠이 들기 시작하는 기간으로
얕은 잠을 잡니다.

깊은 잠에 빠지는 기간으로
호흡과 심장박동이 느려지며
깨우기 힘듭니다.

활성이 비슷한 수치를 나타내는 독특한 수면 상태입니다. 정상적인
성인은 잠이 들고 약 1시간 30분이 지나면 렘수면 상태가 되는데, 우
울증이나 기면증이 있는 사람들은 잠이 들고 금방 렘수면에 빠지게
되어 깊은 잠을 자기가 어렵습니다.

비렘수면은 전체 수면 시간의 75%를 차지하는데 수면의 깊이에
따라 1단계에서 4단계까지 나누어집니다. 이 시기는 몸이 휴식을 취
하는 기간으로 심박수와 호흡수가 낮아지는 등 생리적 기능이 떨어
집니다.

수면을 조절하는 호르몬

수면과 관련된 뇌줄기(brain stem) 영역에서 여러 가지 호르몬이 상호

작용하면서 수면을 조절하는데, 그중 세로토닌의 농도가 높아지면 수면의 양이 증가합니다. 따라서 세로토닌이 부족한 우울증 환자가 잠을 잘 못 자는 건 당연한 결과입니다.

또 교감신경 말단에서 분비되는 노르에피네프린(norepinephrine) 농도가 높아지면 렘수면이 감소합니다. 렘수면 기간에는 낮은 노르에피네프린으로 신경을 안정시켜 이전의 정서적 경험을 재처리해야 하는데 카페인을 섭취하게 되면 노르에피네프린이 증가해 잠을 깊이 잘 수가 없습니다.

행복 호르몬이라 불리는 도파민도 마찬가지로 각성 효과가 있어 수면을 방해합니다. 그래서 밤늦게 담배를 피우거나 재미있는 게임을

하고 있으면 잠이 오지 않는 것입니다.

수면 주기를 조절하는 중요한 호르몬인 히포크레틴(hypocretin)은 렘수면을 억제하여 각성을 돕습니다. 그래서 히포크레틴의 농도가 높아지면 깊이 잠들기 어렵습니다. 그러나 반대로 히포크레틴 농도가 너무 낮으면 시도 때도 없이 졸리는 기면증이 발생하게 됩니다.

수면 효과가 있는 것으로 널리 알려진 멜라토닌(melatonin)은 뇌의 솔방울샘(pineal gland)이라는 부위에서 분비되며 밝은 빛을 받으면 분비가 억제됩니다. 그래서 밤에 스마트폰이나 TV 등 밝은 빛을 보면 잠자는 데 방해가 되는 것입니다.

불면의 원인

불면의 원인은 매우 다양합니다. 불안하거나 긴장이 되었을 때, 주변 환경이 바뀌었을 때 등 여러 상황에서 잠이 잘 들지 못할 수 있습니다. 또한 불안장애나 우울증과 같은 정신과적인 질환 혹은 과도한 갑상선 호르몬 분비나 코를 심하게 고는 수면무호흡증후군 등 신체적 원인이 문제일 수도 있습니다. 만약 복용하는 약물이 있다면 불면의 요인이 되는 성분이 있는지 확인해야 합니다.

⊜ 걱정이 걱정을 낳는다

잠을 자야 한다는 강박이 수면을 방해할 수 있기 때문에 억지로 자려는 행동은 좋지 않습니다. '왜 잠이 안 올까? 내일 일찍 일어나야 하는데'라며 걱정하는 것보다 독서나 명상 또는 평소 자신에게 안정을 주는 장소나 사람을 떠올리는 것이 도움 됩니다.

⊜ 수면제, 중독될까 두려워

불면증이 심해지면 약물 치료를 받는 게 좋습니다. 보통 처방이 필요한 수면제는 단순히 수면에 도움을 주는 졸피뎀(zolpidem)을 쓰는데, 불면의 원인이나 수면의 형태에 따라 항우울제나 벤조디아제핀 계통의 항불안제를 사용하기도 합니다.

수면제를 먹기 시작하면 중독돼 수면제 없이는 잠들지 못하는 게 아닐까 걱정하는 사람도 많습니다. 그러나 전문가의 처방에 따라 복용하면 중독되지 않으며 오히려 헝클어진 수면 주기를 안정시킬 수 있기 때문에 꼭 필요한 치료입니다.

단, 약물을 남용하거나 장기적으로 복용할 경우 의존성이 높아지고, 여러 가지 부작용이 동반될 수 있으니 의사와 충분히 상의한 뒤 복용해야 합니다. 또 간혹 수면제를 술과 함께 복용하기도 하는데, 두 가지를 함께 먹으면 과도한 진정 효과로 오랫동안 잠에 취해 일상생활에 악영향을 줄 수 있으니 피해야 합니다.

진 단 체 크

진단	**나도 불면증일까?**	출처	서울 아산병원 홈페이지

A. 자신이 '그렇다'라고 느끼는 사항에 체크해보세요.

01 잠에 들기까지 30분 이상 걸린다.　□

02 잠을 잘 자기 위해서 노력한다.　□

03 잠들기 위해 술이나 수면 유도제를 먹어본 적이 있다.　□

04 휴일에는 실컷 잔다.　□

05 잠자리가 바뀌면 더 잘 잔다.　□

06 자는 도중에 두세 차례 이상 잠이 깨고 다시 잠들기 어렵다.　□

07 중간에 깨서 시계를 본다.　□

08 낮에 항상 졸리고 점심 직후는 특히 더 졸리다.　□

09 꿈을 많이 꾸고, 대개 기억한다.　□

10 너무 일찍 깨서 다시 잠들기 어렵다.　□

진단 결과

4개 이상 '그렇다'인 경우: 불면증 가능성이 있음.

Q&A

Q 몇 시에 자서 몇 시에 일어나는 게 좋은가요?

A 정해진 답은 없습니다. 일반적으로 충분한 휴식을 위해서는 11시 전에 자고, 아침 7시 정도에 일어나는 것을 추천합니다.

Q 학생이라 밤에 공부를 해야 하는데요, 자는 시간을 아껴 밤늦게까지 공부하고 싶어요.

A 잠을 자야 공부한 내용들이 머릿속에서 정리가 됩니다. 공부도 맑은 정신일 때 해야 합니다. 잠이 부족한 상태에서는 읽어도 머릿속에 남지 않아요.

Q 몇 시간을 자든 잠을 푹 잤다는 느낌을 못 받는데 불면증인가요?

A 일반적인 불면증은 잠이 들기 어렵거나 잠들어도 자꾸 깨는 경우를 말하는데요, 이 두 가지에 해당하지 않고 계속 피곤하다면 불면증보다는 피로가 원인일 수 있습니다.

Q 최근 우울증 약을 처방받아서 먹고 있습니다. 불면증도 함께 동반되어서 불면증 약도 처방받았는데요, 이렇게 약을 많이 먹어도 될지 걱정이 됩니다. 두 증상에 대한 약을 동시에 먹어도 될까요?

A 한곳에서 처방받았다면 걱정하지 않아도 됩니다. 보통은 작용하는 부분이 다르고 서로 영향을 주지 않는 경우가 더 많으니까요. 하지만 서로 다른 병원에서 처방받는다면, 현재 어떤 약을 먹고 있는지 처방받기 전에 말해줘야 합니다. 일부 약물은 서로 상승효과를 나타내거나 다른 약물의 효과를 떨어뜨릴 수도 있기 때문입니다.

Q 잠은 몇 시간이나 자야 충분할까요?

A 사람마다 차이가 있습니다. 어떤 사람은 5시간만 자고도 개운함을 느끼는 반면 어떤 사람은 10시간은 자야 피로가 풀린다고 합니다. 보통 6~8시간 정도 자는 것이 좋습니다.

Q 잠은 꼭 잘 자야 하나요? 밤에 잠자기가 싫어요.

A 정신건강의학에서 잠은 굉장히 중요합니다. 푹 자야 몸이 회복되니까요. 몸이 충분히 회복되지 않으면 스트레스를 견디는 힘이 약해집니다. 쉽게 짜증이 나고 감정 조절이 잘되지 않습니다. 대인 관계에도 영향을 미치게 되므로 숙면은 중요합니다.

Q 약국에서 파는 수면 유도제와 수면제는 다른가요? 왜 수면제는 처방이 있어야 하나요?

A 수면 유도제는 주로 항히스타민(antihistamine) 성분의 약물로 졸리는 효과를 이용해 수면을 유도하는 것입니다. 감기약 먹고 졸린 것과 비슷합니다. 하지만 처방이 필요한 수면제는 불안에 저항하는 효과가 있는 벤조디아제핀 계열의 약물이나 수면에만 영향을 주는 졸피뎀 같은 약물이 해당하는데, 이들은 중추신경계에 작용하는 향정신성 의약품이기 때문에 의사의 처방이 필요합니다.

chapter 03
조울증

치렁치렁한 레이스와 장식이 잔뜩 붙은 옷에 귀걸이, 목걸이, 반지는 물론 피어싱까지 갖가지 장신구로 치장을 한 윤지 씨가 진료실로 들어옵니다. 무대에서 갓 내려온 것 같은 윤지 씨는 지금 백수입니다. 2년 전 대학에 입학은 했지만 친구 사귀기도 어렵고 수업도 따라가지 못해 6개월 만에 휴학을 했습니다. 하루 종일 씻지도 않고 집에서 나가지도 않고 그렇게 잠만 자면서 살아온 지가 1년 가까이입니다.

그러다 갑자기 얼마 전부터 어마어마한 사업 아이템이 있다며 사업 계획서를 쓴다고 밤잠을 설치기 시작했습니다. 윤지 씨 어머니는 '그동안 정신 못 차리고 살더니 이제 좀 뭔가 해보려나 보다' 싶어서 별로 대수롭지 않게 생각했습니다.

그런데 투자자를 모집한다고 친구들에게 돈을 꾸러 다니지 않나, 길 가는 사람을 붙잡고 투자를 하라고 설득하려다 시비가 붙어 경찰서에 끌려가지를 않나, 심지어 이틀 전에는 오빠 명의로 대출을 받아 고급 승용차를 사서 집으로 몰고 오기까지 했습니다. 기가 찬 어머니는 윤지 씨를 끌고 병원을 찾아왔습니다.

"엄마는 이해를 못한다니까요! 사업하려면 이 정도 차는 타고 다녀야죠. 제가 누구랑 거래를 하려고 하는지 아세요? 이건희예요! 내가 삼성이랑 거래하려고 지금 준비하고 있는 사람이에요. 삼성이 스마트폰이랑 TV 만들잖아요. 나 이제 TV에 나올 거야. 유명한 사람이라고. 거기 MBC 한번 틀어봐요. 유재석이 내 친구야. 그런데 무한도전은 누가 식스맨이 되려나? 나한테 조만간 연락이 올 것 같아요. 근데 제가 지금 무슨 말을 하고 있죠?"

• **조울증**: 기분이 들뜨는 조증이 나타나기도 하고, 기분이 가라앉는 우울증이 나타나기도 하는 양극성 정동장애.

오르락내리락
마음이 롤러코스터

윤지 씨는 지치지도 않는지 쉬지 않고 말을 합니다. 자신이 무슨 말을 하고 있는지도 모르면서 머릿속이 아이디어로 가득 차서 쉴 틈이 없다고 합니다. 당장 오후엔 삼성 그룹 회장을 만나러 가야 한다며 호들갑을 떨고 있는 윤지 씨에겐 아무래도 입원 치료가 필요할 것 같습니다.

조울증은 뭘까?

조울증은 조증과 우울증의 증상이 함께 나타나는 질환입니다. 조증은 살짝 기분이 좋은 정도인 '경조증(hypomania)'과 병적인 수준으로 들떠 있는 '조증(mania)'이 있습니다. 우울증은 살짝 우울한 정도인 '기분부전장애(dysthymia)'와 우리가 흔히 우울증이라 이야기하는 죽고 싶을 만큼 우울한 '주요 우울장애(major depressive disorder)'가 있습니다. 이렇게 다양한 정도의 조증과 우울증의 조합에 따라 여러 가지로 진단이 나눠지는 조울증은 다른 질환들보다 훨씬 범위가 넓습니다.

우리가 흔히 알고 있는 조울증은 '1형 조울증'에 해당합니다. 1주 이상 지속되는 조증과 함께 주요 우울장애가 나타나는 경우를 이야기합니다. '2형 조울증'은 경조증과 우울증이 함께 나타나는 경우를 말합니다. 경조증은 조증과 비슷한 증상이 최소 4일 이상 지속되지만 일상생활에 지장을 줄 정도로 심각하지 않고, 환청 및 망상 등의 정신증적 증상을 보이지 않습니다.

여기에서 조증은 단순히 기분이 좋은 수준이 아닙니다. 말과 생각이 많아지고 빨라져서 마치 휙휙 날아다니는 것 같습니다. 눈에 띄는 옷을 입거나 밝은색으로 머리를 염색하여 화려한 모습을 보이기도 합니다. 잠을 자지 않아도 에너지가 넘치고 피곤하지 않습니다. 갑자기 많은 돈을 펑펑 쓰기도 하고 허황된 사업을 계획하기도 합니다. 뭘하더라도 다 할 수 있을 것 같은 기분이라 어떤 환자는 이런 기분을 즐기고 싶어 약을 먹지 않기도 합니다. 그러나 조증 중에서도 짜증이 많아지고 예민해지며 난폭한 성향을 보이기도 하는 '신경 과민형 조증'도 있습니다. 이렇게 조증은 다양한 형태로 나타나며 절대 간단하지 않습니다.

⊝ 감정 기복이 심하면 조울증?

보통 사람이 조증의 진단 기준을 만족시킬 정도로 기분이 들뜨는 경우는 흔치 않습니다. 기간도 일주일 이상 지속되어야만 병적인 수준으로 분류하고 있습니다. 하지만 감정 상태가 극과 극으로 바뀐다면 조울증의 한 종류인 급속 순환형(rapid cycling type) 조울증을 의심해야 합니다. 이 급속 순환형 조울증의 60~90%가 갑상선 기능 저하를 가지고 있다는 연구가 있으니, 스스로 감정 기복이 심하다고 생각되면 갑상선 기능 검사를 받아보는 것도 좋습니다.

⊖ 우울증에서 조울증으로 변할 수도 있다

조울증이라고 해서 조증이 항상 먼저 나타나는 것은 아닙니다. 환자의 약 70%는 우울증으로 시작했다가 나중에 조증이 발생해서 조울증 진단을 받게 됩니다. 우울증인지 조울증인지에 따라 약물 치료가 달라지기 때문에 치료 시기를 놓치지 않는 것이 중요합니다.

다음은 우울증의 모습을 보이지만 향후 조울증으로 발전할 수 있는 경우입니다.

– 젊은 나이에 혹은 갑작스럽게 우울증이 발병한 경우
– 너무 잠을 많이 자는 경우
– 항우울제를 먹어도 별로 나아지지 않는 경우
– 환청이나 환시 등 정신병 증상을 동반하는 우울증인 경우
– 호전되지 않은 채 반복되는 우울증인 경우
– 과거 산후 우울증을 앓았던 경우 등

마음치료 처방전

⊜ 어떻게 치료해야 할까?

조울증은 감정 조절에 어려움을 겪는 질환입니다. 때문에 감정을 불안정하게 만들 수 있는 약물, 카페인, 술 등은 피하는 것이 좋습니다.

일반적으로 기분조절제(mood stabilizer)를 사용해 약물 치료를 합니다. 기분조절제는 기분의 점수를 가장 좋은 +10에서 가장 우울한 -10까지로 보았을 때, -1에 맞춰 조절해주는 역할을 합니다.

발프로에이트(valproate), 리튬(lithium), 라모트리진(lamotrigine) 등이 기분조절제에 해당하며, 환자의 특징을 고려해서 사용하게 됩니다. 필요에 따라 항불안제나 항우울제를 추가하기도 합니다.

조울증은 스스로가 조절할 수 있는 수준의 감정 기복을 넘어선 질환입니다. 때문에 반드시 약물 치료가 병행되어야 보다 빨리 증상이 안정될 수 있습니다.

진 단 체 크

진단	**나도 조증일까?**	출처	한국형 기분장애 질문지

A. 자신이 '그렇다'라고 느끼는 사항에 체크해보세요.

01 내가 너무 들떠 있어서 마치 다른 사람 같다는 말을 들은 적이 있다. ☐

02 지나치게 흥분하여 사람들에게 소리를 지르거나 말다툼을 한 적이 있다. ☐

03 평소보다 더욱 자신감에 찬 적이 있다. ☐

04 평소보다 잠을 덜 잤거나 또는 잠잘 필요를 느끼지 않은 적이 있다. ☐

05 평소보다 말이 더 많았거나 말이 매우 빨라졌던 적이 있다. ☐

06 생각이 머릿속에서 빠르게 돌아가는 것처럼 느꼈거나 마음을 차분하게 하지 못한 적이 있다. ☐

07 주위에서 벌어지는 일로 쉽게 방해받기 때문에 하던 일에 집중하기 어려웠거나 할 일을 계속하지 못한 적이 있다. ☐

08 평소보다 더욱 에너지가 넘쳤던 적이 있다. ☐

09 평소보다 더욱 활동적이거나 더 많은 일을 하였던 적이 있다. ☐

10 평소보다 더욱 사교적이거나 적극적이었던 적이 있다. ☐

11 평소보다 더욱 성행위에 관심이 간 적이 있다. ☐

12 평소의 자신과 맞지 않는 행동을 했거나 남들이 생각하기에 지나치게 바보 같거나 또는 위험한 행동을 한 적이 있다. ☐

13 돈 쓰는 문제로 자신이나 가족을 곤경에 빠뜨린 적이 있다. ☐

진단 결과

7개 이상 '그렇다'인 경우: 조증 가능성이 있음.

※ 조증과 우울증(15쪽 참고)에 모두 해당할 때 조울증이라고 진단합니다.

마음치료 처방전

Q 혼자 있을 땐 늘 우울하고 무기력한데, 친구들과 웃고 떠들 땐 기분이 갑자기 좋아지기도 해요. 하지만 다시 혼자가 되면 우울해지는데 조울증일까요?

A 우울함이 주된 감정 상태이지만 가끔 즐거운 사건이 있을 때 기분이 나아진다면 조울증이라기보다는 감정 반응이 있는 비전형적 우울증이라고 볼 수 있습니다. 전형적인 우울증은 즐거운 사건에 반응이 잘 없지만 비전형적 우울증은 즐거운 일에 감정 반응을 나타내기도 합니다.

Q 조울증으로 진단받고 발프로에이트 성분이 들어간 약을 먹고 있습니다. 그런데 요즘 얼굴에 뾰루지가 많이 생기고 목소리도 굵어지는 것 같아요. 생리도 불규칙한데 약 때문인가요?

A 약 부작용일 가능성이 있습니다. 발프로에이트가 안드로겐(androgen)이라는 남성호르몬의 농도를 높일 수도 있거든요. 약을 중단하면 바로 없어질 증상이니 크게 걱정하지 않아도 됩니다. 단, 본인이 임의로 약을 갑작스럽게 중단하면 증상이 나빠질 수도 있습니다. 주치의와 상의한 뒤 약을 바꿔보세요.

Q 조증이면 기분이 좋은 상태인데 꼭 치료를 해야 하나요? 잠도 안 자고 공부하면 성적도 오를 것 같고, 나쁜 점이 없어 보이는데요?

A 실제로 그런 효과를 위해 약물 치료를 중단하는 환자들도 있습니다. 그러나 조증의 정도를 본인이 통제할 수가 없기 때문에 치료를 중단하게 되면 증상이 점점 심각해져 이성적인 사고나 판단이 어려워집니다. 망상이나 환청이 동반되는 경우도 있고요. 결국 일상생활을 하기 힘든 수준까지 증상이 악화될 수 있어 치료는 꼭 필요하답니다.

폭식증

다이어트하면서 살을 많이 뺐어요. 그런데 갑자기 빵이 너무 먹고 싶은 거예요. 이제 먹어도 되겠지 싶어서 하나만 먹으려고 했는데 넘치는 식욕을 멈출 수 없었어요. 빵집에 가서 이 빵, 저 빵 몇 개를 담아 미친 듯이 먹고 나니 배가 터질 것 같고 짜증이 나더라고요. 어떻게 뺀 살인데 싶어서 '내일은 굶어야지' 다짐을 하다가도 정신 차려 보면 과자를 집어 먹고 있어요. 결국 순식간에 살은 더 쪄버리고 이런 상황이 계속 반복됩니다. 더 이상 살고 싶지 않아요.

• **폭식증**: 단시간에 많은 양의 음식을 섭취하는 증상. 구토나 운동으로 체중 증가를 막으려는 제거 행동이 동반되기도 한다.

나도 모르게
음식에 손이 간다면?

폭식을 하는 사람들은 대부분 특별한 이유 없이 음식을 많이 먹게 됩니다. 무언가에 홀린 듯 음식을 먹어치우다가, 어느 순간 정신을 차리면 스스로가 너무 밉고 한심하다는 자괴감에 빠집니다. 통제가 안 되는 자신에 대한 짜증과 미움도 커지게 됩니다. 이러한 현상이 반복되면 불안한 감정을 없애기 위해 무언가를 계속 먹고 싶어지기만 합니다.

⊜ 허한 마음의 정체

정신건강의학과에서는 이를 '정서적 배고픔'이라고 합니다. 정서적 배고픔은 내 마음속의 해결되지 않는 불쾌감을 없애기 위해 음식을 찾는 증상을 말하는데요, 실제 배가 고픈 것이 아님에도 화나거나 불안하거나 외롭거나 하는 다양한 감정적 이유로 계속해서 음식을 찾게 됩니다.

　그러나 음식을 아무리 많이 먹어도 정서적 배고픔은 해소되지 않습니다. 근본적 원인인 마음의 문제가 해결되지 않았기 때문입니다.

자신의 감정을 속이지 마

마음의 문제를 외면하면 우리 몸은 여러 가지 잘못된 신호를 보냅니다. 항상 배가 고프고, 무언가를 먹고 싶다는 강렬한 열망이 생기는 것도 그중 하나입니다. 또 사람들은 대개 분노, 슬픔, 불안과 같은 부정적인 감정들을 '내가 가져서는 안 될' 혹은 '받아들이기 힘든' 감정으로 인식하기 때문에 그 자체를 인정하거나 맞서기보다는 도피하려고 폭식을 선택하는 경우도 있습니다.

폭식을 하면 무언가 채워지는 듯한 착각이 들고 멍해지는 효과가 있어 잠시 편안함을 느끼기도 합니다. 하지만 이러한 편안함은 순간적일 뿐 곧 자신에 대해 모멸감이나 수치심을 느끼게 되고 체중도 증가하기 때문에 결국 삶의 질에 심각한 악영향을 미치게 됩니다.

언제 폭식하게 될까

폭식증을 해결하기 위해서는 내가 어떤 감정을 느꼈을 때 폭식을 하는지 정확히 아는 것이 중요합니다. 그때의 감정을 인정하고 온전히 받아들여야 본인의 감정을 현명하게 다룰 수 있게 됩니다.

내 감정이 무엇인지조차 모르는 사람들이 많습니다. 어떤 현상을

마주했을 때 어떤 감정을 느끼는지 먼저 생각해보고 그 감정에 이름을 붙여보세요. 그리고 지금 느끼는 감정이 좋은 감정인지 나쁜 감정인지 나눠본 뒤 기쁨, 슬픔, 분노, 공포 등 큰 카테고리 중 어디에 들어가는지 구별해봅니다. 기쁜 감정에도 즐거움, 흥겨움, 쾌락, 흐뭇함 등 다양한 종류가 존재하니 더 세부적으로 생각해보는 것도 좋습니다.

　감정을 인식하고 묘사하는 방법은 감정으로부터 한 걸음 물러서서 바라볼 수 있도록 도와줍니다. 감정을 다룰 줄 알게 되면 폭식뿐 아니라 감정에 휩쓸려 충동적으로 행동했던 부분들이 현저히 줄어들 것입니다. 음식으로 손이 가려는 순간, 스스로에게 질문을 던져보세요.

　'지금 나는 어떤 감정을 피하기 위해 음식을 찾고 있을까?'

⊜ 폭식의 세 가지 유형

첫 번째는 '강박형 폭식'으로, 완벽주의인 사람들이 스스로 정해놓은 틀에서 조금이라도 벗어나면 힘들어하고 부정적인 감정으로 빠지면서 폭식하는 경우를 말합니다. 두 번째는 '분풀이형 폭식'으로, 자기 자신이나 외부에 대한 분노를 먹는 것으로 푸는 경우입니다. 마지막으로 '외톨이형 폭식'인데, 일 끝나고 집에 가서 혼자 야식으로 과도하게 먹는 경우를 말합니다.

⊜ 어떻게 치료해야 할까?

폭식증 환자들은 흔히 다이어트 때문에 절식하다가 못 참고 폭식했다가 또다시 절식하는 패턴을 가집니다. 절식을 하게 되면 우리 몸은 결핍 때문에 생존을 위해 본능적으로 음식을 찾게 되고, 영양을 비축해야 한다고 느끼면서 과하게 음식을 원하게 됩니다. 그래서 폭식증을 치료하기 위해서는 세끼 충분한 양의 건강한 식사를 해야 합니다.

식사 일기를 적어보고 어떤 감정과 생각이 폭식으로 이어지는지 차분히 생각하는 것도 필요합니다. 이때 먹는 것 외에 내가 할 수 있는 즐거운 일의 목록을 작성해보는 등의 대체 행동을 연구하는 것도 도움이 됩니다.

폭식하고 싶은 욕구가 밀려왔을 때 대처할 수 있는 방법 한 가지는, 먹고 싶다는 강렬한 생각이 파도처럼 밀려왔다가 다시 줄어들어 없어지는 과정을 '관찰'해보는 것입니다.

깊은 바다를 떠올려보세요. 나는 심연에 고요한 상태로 존재하고 해변에서 파도가 치는 것을 바라볼 뿐입니다. 폭식을 하고 싶은 강렬한 마음을 큰 파도라고 상상해보세요. 처음에는 큰 파도지만 시간이 지나면서 파도가 부서지고 썰물처럼 빠져나가듯 식욕의 파도도 그렇게 지나갈 것입니다. 위와 같은 과정을 도와주는 것이 정신건강의학과에서 이야기하는 인지행동 치료입니다. 이 치료는 왜곡된 인지와 행동을 바라보게 하여 대처할 수 있게 합니다.

식이장애는 보통 빙산의 일각이라는 말로 표현됩니다. 겉으로 드러나는 것은 극히 일부일 뿐이라 아래 숨겨진 상처들이나 과거의 기억을 제대로 다루지 않는다면 표면적인 문제를 해결한다고 해도 언젠가 다시 재발하기 쉽습니다.

하지만 이러한 과거를 섣불리 꺼내는 것은 자칫 위험할 수 있습니다. 잊고 지냈던 상처들이 생각보다 큰 트라우마였다면 현재의 삶이 그 기억에 압도당할 수 있기 때문입니다. 그 기억을 전문의와 함께 다루어나가고 안전한 환경에서 재경험함으로써 현재에 미치는 영향을 줄일 수 있도록 돕는 치료가 상담 치료나 정신 치료입니다.

증상이 심하다면 약물 치료도 함께할 수 있습니다. 많은 분들이 걱정하는 약물 치료는 세로토닌 계통의 안전한 약물을 사용합니다. 이것은 미국 식품의약국(FDA, food and drug administration)에서 사람에게 사용해도 위험하지 않다고 검증된 약물이기 때문에 걱정하지 않아도 됩니다.

감정 조절 중추인 간뇌에 세로토닌이 부족하면 감정 조절이 어려워지고 폭식으로 이어질 가능성이 커집니다. 세로토닌 약물은 간뇌에 세로토닌을 충분하게 만들어 안정시키고 식욕 중추에도 작용하여 폭식 욕구를 감소시켜 줍니다. 현재까지 연구 결과, 인지행동 치료와 약물 치료를 병행할 때 폭식증의 치료 효과가 가장 높습니다.

이 외에도 다양한 치료 방법이 있는데 예를 들면 가족과 함께 상담을 하는 '가족 치료', 충동 조절 기술에 대해 배우는 '충동 조절 치료', 과거에 괴로웠던 경험을 떠올리며 안구를 양쪽으로 움직이는 EMDR 기술을 사용한 '마음상처 치료' 방법이 있습니다. 전문의가 환자에 맞는 적절한 방법을 제안할 것이므로 그에 따르면 됩니다.

내가 폭식하는 경향이 있다면, 먼저 폭식으로 이어지는 요인이 무엇인지 확인해보는 것이 중요합니다. 기본적인 내용이지만 너무 당연해서 많은 분들이 간과하고 넘어가는 경우가 많습니다.

건강에 관심 갖기, 충분한 수면 취하기, 균형 잡힌 식사하기, 술이나 커피 등 감정에 영향을 줄 수 있는 음료 마시지 않기, 운동하기 등만 잘 지켜도 폭식은 줄어들 수 있습니다.

진 단 체 크

진단	**나도 폭식증일까?**	출처	DSM-5

A. 일주일에 1회 이상 자신이 '그렇다'라고 느끼는 사항에 체크해보세요.

01 일정 시간 동안 일반 사람에 비해 많이 먹는다. ☐

02 일정 양 이상 먹었는데도 먹는 것을 자제할 수 없다. ☐

03 살찌는 게 두려워 설사약이나 이뇨제를 먹거나 구토, 굶기, 심한 운 ☐
동 등의 행동을 반복한다.

04 몸매와 체중에 의한 자기 평가가 지나치다. ☐

진단 결과

4개 모두 3개월 이상 지속되는 경우: 폭식증으로 진단.

Q 이전에는 음식 절제를 잘했는데 이젠 안 되는 것 같아요. 전 의지가 부족한 사람인가 봐요.

A 폭식증은 의지의 문제가 아니에요. 절식을 하고 있었다면 본능적으로 음식을 찾는 것이니 생존 본능을 의지로 해결할 수는 없죠. 만약 절식도 안 하는데 계속 폭식을 한다면 그만큼 현재 감정 상태와 간뇌가 불안정해졌을 가능성이 큽니다. 혈압을 의지로 조절할 수 없듯이 세로토닌 부족을 의지로 해결하려고 하지 마세요.

Q 폭식하고 구토를 안 하면 살이 더 찌지 않을까 걱정이에요.

A 구토로 모든 음식을 게워내면 칼로리가 흡수되지 않는다고 흔히 생각하는데 큰 착각입니다. 음식은 이미 입안에서부터 점막과 타액을 통해 흡수되고 있습니다. 체중 증가가 우려된다면 근본적으로 폭식을 안 해야 합니다. 세 끼 식사만 적당히 한다면 정상 체중으로 회복될 수 있습니다.

Q 처방받은 약을 끊으면 바로 폭식하게 되지 않을까 겁나요.

A 병원에서 처방하는 약은 식욕억제제가 아니라 항우울제인 경우가 많습니다. 식욕억제제라면 약을 끊을 경우 폭식이 재발할 가능성이 크지만, 항우울제는 경과에 따라 의사와 함께 복용량을 줄여나가기 때문에 폭식이 쉽게 재발하지는 않습니다.

Q 영원히 폭식이 낫지 않을 것만 같아요.

A 병원에 처음 오는 환자들이 많이 우려하는 것 중 하나입니다. 이미 내 삶의 일부인 폭식과 구토가 과연 없어질 수 있을까 의심합니다. 하지만 폭식증은 치료가 가능한 질환이기 때문에 감정과 문제 행동 사이의 연결고리를 잘 끊고 호르몬을 안정적으로 조절해나가면 충분히 회복할 수 있습니다.

Q 폭식증 치료 후에 거식증이 오기 쉽다던데 사실인가요?

A 폭식증이든 거식증이든 식이장애라는 큰 줄기로 연결되어 있기 때문에 두 가지를 오가는 경우가 상당히 많습니다. 그러나 사람마다 차이가 있습니다.

Q 배가 부른데도 계속 먹는다면 모두 폭식증인가요?

A 꼭 그렇진 않습니다. 끊임없이 무언가를 먹는 것도 폭식증의 한 형태이지만 그 경우에는 일반 사람보다 빠른 시간 안에 배 이상으로 먹을 것을 해치운다는 특징이 있습니다.

chapter 05

거식증

아림 씨는 대학에 입학하기 전 다이어트를 해서 눈에 띄게 날씬해졌습니다. 모두가 예뻐졌다고 칭찬을 하니 욕심이 생겨 먹는 양을 더욱 줄였습니다. 아림 씨는 이미 살이 많이 빠진 지금도 탄수화물은 거의 먹지 않습니다. 어쩌다 조금이라도 먹게 되면 토해버립니다. 토할 때는 힘들고 이게 아니라고 생각하면서도 살이 찌지 않으니까 마음이 편합니다. 그런데 이러한 일이 반복되자 스스로도 점점 피폐해져 가는 것을 느낍니다.

"변기를 잡고 토하는 내 모습을 보면 무언가가 잘못되고 있다는 생각이 들어요."

• **거식증**: 장기간 심각할 정도로 음식을 거절함으로써 나타나는 질병. 비만에 대한 강한 두려움이 동반된다.

몸이 음식을
거부한다

거식증은 체중 증가에 대한 극단적인 두려움이나 왜곡된 신체 이미지 때문에 먹는 것을 거부하는 질환을 말합니다. 주로 급격한 다이어트로 단기간에 체중을 많이 감량하고 난 후 거식증을 보이는 환자들이 많습니다. 날씬해진 몸이 만족스러운 만큼 다시 살찌는 것이 걱정돼 극단적으로 식사를 거르기 때문입니다.

거식증의 숨은 원인

외모지상주의나 유전적인 부분도 거식증의 큰 원인이지만 생각지 못한 숨겨진 이유가 있을 수 있습니다. 바로 부모와 애착 관계의 문제인데, 자녀가 거식증 증세를 보이는 경우 부모가 지나치게 꼼꼼하고 권위적일 때가 많습니다.

자녀의 모든 것을 통제하려는 부모 밑에서 자란 사람은 스스로 할 수 있는 게 없다는 생각에 무기력감을 느낍니다. 자신이 마음대로 조절할 수 있는 것이 음식밖에 없고, 안 먹으면 부모가 걱정하며 절절

매니 부모를 통제하는 방법이 됩니다. 그래서 결국 음식을 거부하게 되는 겁니다. 일부 환자들은 날씬해야 부모의 사랑을 받을 수 있다는 왜곡된 믿음으로 자신을 혹사시키기도 합니다.

⊜ 지나치게 쿨한 엄마 vs 애지중지 열혈 엄마

식이장애로 병원을 찾는 자녀의 엄마들은 크게 두 가지 부류로 나눌 수 있습니다. 지나치게 쿨한 엄마와 하나부터 열까지 다 해줘야 직성이 풀리는 열혈 엄마입니다.

쿨한 엄마는 무관심에 가까운 관대함으로 아이를 기릅니다. 아이는 끊임없이 엄마의 관심을 바라지만 어차피 엄마가 관심을 가져주지 않을 것을 알기에 말도 못하고 끙끙 앓기만 하는 불안정한 형태의 '회피성 애착'을 형성하게 됩니다.

한 연구에서는 엄마가 앞에 있지만 아이에게 아무런 반응을 보여주지 않으면 아이가 처음에는 울고 떼를 쓰다가 나중엔 자해까지 한다는 보고가 있습니다. 아이에 대한 엄마의 반응은 그만큼 중요합니다. 자기가 자신을 어떤 사람으로 생각하는지 규정하는 '자기상'이 생기는 과정에서 엄마가 주는 긍정적인 피드백은 아이에게 '나는 사랑받을 만한 사람이구나'라는 생각을 할 수 있게 해줍니다. 이런 반응을 경험해보지 못한 아이는 커서도 대인 관계에서 자신감이 없고 친밀한 사이를 만들지 못한 채 주변을 맴돌기만 하게 됩니다.

열혈 엄마는 아이의 모든 것을 통제하려고 합니다. 아이와 엄마 사이에는 비밀이 있을 수 없고, 엄마가 제시하는 모든 길이 옳기 때문에 아이의 자율성은 철저히 무시당합니다. 이런 엄마 밑에서 자란 아이는 혼자서 아무것도 할 줄 모르는 굉장히 의존적인 사람으로 자라게 됩니다. 대인 관계에서도 타인이 엄마처럼 자신의 모든 것을 알아주고 해결해주길 바라기 때문에 관계 형성에 어려움을 겪습니다.

⊜ 엄마가 해줄 수 있는 일?

아이의 병이 엄마 탓이라는 말이 아닙니다. 엄마 입장에서는 내 자식 잘되라고 한 일이니까요. 하지만 아이가 엄마로부터 무조건적인 사랑을 받고 자라야 안심하고 밖에서도 잘 지낼 수 있는데, 엄마의 기준이

까다롭기만 하다면 늘 위축되어 있을 수밖에 없습니다. 엄마는 아이가 언제든 쉬어갈 수 있는 베이스캠프가 돼줘야 합니다.

이미 지난 일을 돌이킬 수는 없겠지만, 엄마는 지금부터라도 아이의 말과 감정에 따뜻하게 반응해주고 아이의 누울 자리가 돼주어야 합니다. 물론 처음에는 쉽지 않습니다. 아이들이 수년간 냉랭했던 엄마가 바뀌었다는 믿음을 가지기까지는 시간이 필요합니다.

계속 아프고 싶은 아이

아이가 스스로 계속 아프기를 원하는 것을 정신과에서는 이차 이득(secondary gain)이라고 합니다. 만약 아이가 아프고 나서 부모가 좀더 관심을 갖고, 아이를 대하는 태도가 부드러워진다면 아이는 병을 유지하려고 합니다. 이럴 땐 아이의 마음을 이해해주고 병이 낫고 나서도 변함없이 사이가 좋을 수 있다는 믿음을 심어주는 게 중요합니다.

살만 빠지면 뭐해

지나치게 밥을 먹지 않아서 저체중이 심해지면 탈모, 무월경, 골다공증, 저혈압, 저체온증 등 여러 가지 내과적인 문제가 발생할 수 있습니다. 또 이것이 지속되면 신체 스스로 기아 상태라고 인식해서 필사적으로 음식을 찾는 폭식이 나타나기도 합니다.

폭식 후에는 밀려오는 자책감과 함께 몸을 다시 원상 복귀시키려는 행동인 구토가 시작됩니다. 구토로 인해 치아 부식, 식도 염증, 침샘 비대, 전해질 불균형, 위 천공 등의 증상이 추가로 나타날 수 있습니다.

또한 심각한 저체중 상태는 지방질로 구성된 뇌를 쪼그라들게 만들어 폭넓은 사고를 할 수 없게 합니다. 동시에 사고의 유연성이 떨어지면서 강박 증상이 나타날 수도 있습니다. 주로 음식, 체중, 외모에 대한 강박으로, 쉽게 말해 하루 종일 음식이나 체중에 집착하는 것입니다. 강박이 심할수록 더 먹지 않게 되고, 안 먹을수록 뇌는 더 쪼그라드는 악순환이 반복됩니다.

⊜ 거울 속의 나는 망상에 가깝다

대표적인 거식증의 치료 방법은 왜곡된 생각을 바로잡고 잘못된 식습관을 교정하는 인지행동 치료입니다. 만약 자신의 외모에 대한 왜곡이 망상 수준에 가까워 심각하다면 약물 치료도 병행해야 합니다. 약물 치료는 강박적인 사고를 완화하고 우울감이나 수면 문제를 해소할 수 있습니다.

⊜ 밥만 잘 먹으면 낫는 건데 그게 왜 안 될까?

거식증의 표면적 원인이 '살찌기 싫어서'인 경우가 많습니다. 특히 한국에서 여자로 살면서 살이 쪄도 괜찮을 사람이 있을까요? 우선 그 생각에서 벗어나는 게 쉽지 않습니다.

심각한 저체중인데도 살이 찌기 싫다는 강박에 사로잡히면 악순환의 고리에서 빠져나오기가 어려워집니다. 그러나 정상 체중으로 회복되어야만 좋아질 수 있으니 있으니 참으로 난감합니다.

또 한 가지 숨어 있는 원인인 애착 문제에서는 가족이 변하는 것이 쉽지 않기 때문에 치료가 어려울 수도 있습니다. 이 같은 경우에는 정신 치료나 상담 치료가 근본적인 원인을 치료하는 데 도움이 되며, 가족 전체가 함께 치료받는 방법도 좋습니다.

마음치료 처방전

진 단 체 크

진단	**나도 거식증일까?**	출처	DSM-5

A. 일주일에 1회 이상 자신이 '그렇다'라고 느끼는 사항에 체크해보세요.

01 연령과 신장에 비하여 최소한의 정상 체중이나 그 이상으로 유지하 ☐
기를 거부한다.

02 심각한 저체중임에도 체중 증가와 비만에 대한 심한 두려움이 있다. ☐

03 체중과 체형을 보는 방식의 왜곡된 시선이 자기 평가에 지나친 영 ☐
향을 미치며, 현재 저체중의 심각함을 부정한다.

진단 결과

3개 모두 3개월 이상 지속되는 경우: 거식증으로 진단.

※ 신경성 식욕 부진의 종류는 두 가지가 있습니다. 거식증이라고 알려진 '제한형'과 폭식증이라고 알
려진 '폭식 및 제거형'입니다. 제한형은 단순히 음식물 섭취만을 거부하는 것으로 구토, 설사약 남
용 등이 없는 상태이고, '폭식 및 제거형'은 규칙적으로 폭식을 하고, 설사약 등을 통해 구토를 일부
러 하는 상태입니다.

Q 저는 다이어트에 관심도 없고 살쪄도 상관없는데 음식만 보면 메슥거리고 울렁거려요.

A 내과적으로 몸에 이상이 없는지 확인해볼 필요가 있습니다. 만약 소화기관의 문제로 식사를 못하고 있는 거라면 거식증이라고 할 수 없습니다.

Q 어쩌다 보니 지금 심하게 마른 상태가 되었고, 보기 싫을 정도로 마른 몸은 싫습니다. 그런데 조금만 먹어도 기하급수적으로 체중이 늘어날까 봐 두려운 마음이 들어요.

A 몸이 기아 상태에 있었기 때문에 식사를 규칙적으로 하게 되면 체중이 늘어날 수밖에 없습니다. 물론 먹은 것 그대로 지방이 되어 살이 찌는 건 아닙니다. 수분이 부족한 상태였기 때문에 붓기도 하지요. 하지만 꾸준히 음식이 공급된다면 몸은 위기 상태를 풀고 안정적인 체중을 유지할 겁니다. 우리 몸이 늘 일정한 상태를 유지하려고 하는 성질을 항상성이라고 하는데, 이 항상성은 몸이 기하급수적으로 살이 찌는 것도 막습니다.

Q 전 다이어트에 관심도 없고 잘 먹는 편인데도 살이 안 쪄요. 태어날 때부터 저체중이었는데 자꾸 주변에서 거식증이냐고 물어봅니다.

A 살이 잘 찌지 않고 마른 체질일 뿐 거식증은 아닙니다. 거식증은 먹는 것을 '거부하는' 증상이기 때문에 단순히 체중만 가지고 판단할 수는 없습니다.

마음치료 처방전

Q 거식증 입원 치료는 어떤 때 하나요?

A 입원 치료를 권유하는 경우는 체질량지수(BMI) 15 미만의 극심한 저체중으로 '이러다 굶어 죽겠구나' 싶을 때입니다. 입원 치료를 하면 행동요법을 시행하게 되면서 먹을 수밖에 없는 상황에 놓입니다. 상태가 심각하게 나쁘다면 응급처치를 통해 생존에 필요한 최소한의 영양을 보충해주어야 합니다. 하지만 입원이 근본적인 치료가 되지 못하는 이유는 퇴원하면 원상복귀될 가능성이 크기 때문입니다. 응급 상황에서는 입원 치료가 필요하지만 오히려 정신과 강제 입원이 환자에게 트라우마가 될 수도 있어요. 무조건 입원부터 시키려고 할 것이 아니라 위험한 상황이 아니라면 가급적 일상생활을 하면서 외래에서 치료받는 것이 낫습니다.

Q 우리 아이가 학교에서 살쪘다는 이야기를 듣고 와서는 계속 밥을 안 먹습니다. 벌써 9kg 정도까지 빠진 것 같은데요, 한창 자라야 할 나이인데 너무 걱정됩니다. 어떻게 밥을 먹일 수 있을까요?

A 9kg이나 빠졌다면 심각한 수준입니다. 부모가 아이에게 억지로 음식을 먹이는 것은 역효과만 납니다. 병원에 데려가서 전문적인 치료를 받아야 할 것 같습니다. 아이가 왜 이런 증상을 보이는지 근본적인 원인을 찾아야 해결이 됩니다.

chapter 06

기면증

"너 또 자고 있지? 이렇게 게을러서 어떻게 사회생활을 할래?"

창희 씨는 아침부터 엄마에게 혼이 납니다. 자도 자도 피곤하고, 아침에 일어나기가 힘들어서 엄마가 무슨 말을 해도 제대로 대꾸하지 못합니다. 일부러 게으름을 피우는 게 아닌데도 말이죠. 학교에서도 늘 잠이 많은 아이로 유명했고, 선생님들도 이제 깨우는 데 지쳐서 수업 시간에 자고 있어도 뭐라 하지 않습니다. 엄마는 창희 씨가 체력이 약해서 그러나 싶어 보약을 지어 먹이기도 했습니다. 물론 딱히 효과를 보진 못했죠. 역시나 창희 씨는 수능을 볼 때조차 몰려오는 잠을 이기지 못해 시험을 망쳤습니다.

우여곡절 끝에 대학생이 된 창희 씨, 강의 시간에 잠을 안 자려고 커피를 몇 잔씩 마셔도 아무 소용이 없습니다. 어느 날은 친구들과 이야기를 하다가 웃음이 터졌는데 어느 순간 잠들어버려 친구들이 깜짝 놀라기도 했습니다. 심지어는 횡단보도를 건다가 갑자기 잠이 드는 바람에 큰 사고가 날 뻔도 했죠. 다행히 지나가던 행인이 부축해서 건너편으로 데려다주었습니다. 결국 창희 씨는 정말 이러다 큰일 나겠다 싶어서 병원을 찾았습니다.

• **기면증**: 밤에 충분히 잤는데도 갑자기 졸음에 빠져드는 증세이다. 졸도 발작, 수면 마비 등이 수반되기도 한다.

시도 때도 없이 꾸벅꾸벅, 피로 때문이 아니다?

누구나 한 번쯤은 시도 때도 없이 몰려오는 잠 때문에 고생해본 적이 있을 것입니다. 낮에 갑자기 잠이 쏟아지는 이유는 무엇일까요? 지난 밤에 제대로 수면을 취하지 못했거나, 스트레스로 무기력해졌기 때문일 수 있습니다. 그러나 자도 자도 도무지 피로가 회복되지 않고 계속 잠이 오면 과다 수면장애(hypersomnolence disorder)를 의심해야 합니다. 만약 그 정도가 훨씬 심각해 일상생활 중 잠에 취해 의식을 잃을 지경이라면 기면증(narcolepsy)일 수도 있습니다.

춘곤증? 기면증?

기면증이란 비정상적으로 잠이 쏟아지는 수면 발작(sleep attack)이 특징인 질환입니다. 창희 씨처럼 웃다가 갑작스럽게 온몸에 힘이 빠져 쓰러지는 졸도 발작(cataplexy)도 환자의 50%에서 관찰됩니다. 이런 사람들은 잠이 들거나 깰 때 꿈을 꾸듯 환각이 보이기도 하는데, 이는 렘수면이 갑자기 발생했기 때문입니다. 또는 가위에 눌린 것처럼 몸을 움직일 수가 없는 수면 마비(sleep paralysis)가 나타나기도 합니다.

기면증은 왜 생길까?

기면증은 뇌하수체에서 뇌의 각성을 유도하는 물질인 히포크레틴이 부족해서 생기는 질환입니다. 이 히포크레틴이 렘수면을 억제해줘야 하는데 그 역할을 못해주기 때문에 수시로 렘수면이 나타나면서 잠이 쏟아지게 되는 것입니다.

기면증의 검사 방법은?

밤 동안 수면의 질을 체크하는 수면다원검사(polysomnography)와 낮 동안 얼마나 자주 잠에 빠져드는지를 확인하는 다중수면잠복기 검사(MSLT, multiple sleep latency test)를 통해 알아볼 수 있습니다.

수면다원검사는 수면 중 몸 상태를 체크해 어떤 영향을 받아 수면 질환이 발생했는지를 알아보기 위한 검사로, 뇌기능 확인을 위한 뇌파 검사, 안구의 움직임을 관찰하는 안전도 검사, 근육의 긴장 상태를 보기 위한 근전도 검사, 심장 기능을 보기 위한 심전도 검사, 수면 중의 움직임을 비디오로 촬영하는 검사까지 다각적인 측면으로 수면을 분석합니다.

다중수면 잠복기 검사는 2시간마다 총 5회의 낮잠을 약 15분 동안 잔 뒤, 잠이 드는 데 걸리는 시간과 렘수면의 출현 여부에 따라 진단이 달라집니다. 만약 잠이 빨리 들고 렘수면이 나타난다면 기면증을 의심할 수 있습니다.

⊜ 어떻게 치료해야 할까?

규칙적인 시간에 잠이 들고, 정해진 시간에 낮잠을 자는 것이 도움이 됩니다. 약물 치료로는 히포크레틴의 역할을 대신해줄 수 있는 중추 신경계 각성제인 모다피닐(modafinil)이라는 약물을 사용하여 치료합니다.

진 단 체 크

진단	**나도 기면증일까?**	출처	엡워스 주간 졸림증 척도 (Epworth Sleepiness Scale)

A. 평상시에 느끼는 졸음 정도 점수를 매겨보세요.(낮 시간 기준)

※ 점수는 '전혀 졸리지 않음' 0점부터 '심하게 졸림' 3점까지입니다.

01 앉아서 책을 읽을 때   (점)

02 TV 시청할 때   (점)

03 공공장소에 가만히 앉아 있을 때   (점)

04 한 시간 정도 차를 탈 때   (점)

05 오후에 누워 있을 때   (점)

06 앉아서 대화를 할 때   (점)

07 점심 식사 후 가만히 앉아 있을 때   (점)

08 운전 중 막히는 차 안에 있을 때   (점)

진단 결과

11점 이상인 경우: 기면증 가능성이 있음.

마음치료 처방전

Q 저는 시도 때도 없이 졸려요. 특히 밥 먹고 나서 오후에는 훨씬 더 심해지는 거 같아요. 밤에는 누가 업어가도 모를 정도로 잠에 빠져드는데 혹시 기면증일까요?

A 잠이 많다는 이유로 기면증이라고 진단하기는 어렵습니다. 기면증은 병적으로 쏟아지는 잠이거든요. 그러나 잠이 주체할 수 없을 정도로 쏟아져서 일상생활을 방해한다면 수면다원검사를 받아보는 것이 좋습니다.

Q 점심때 밥만 먹으면 너무 졸려요. 커피를 마시고 스트레칭도 해보고 아무리 몸부림을 쳐봐도 잠이 도무지 깨질 않아요. 이거 병 아닌가요?

A 보통 식곤증이라고 이야기하죠. 식사를 하게 되면 소화기관이 보통 때보다 열심히 운동을 하게 됩니다. 이때 혈액이 소화기관으로 많이 가게 되면서 뇌의 혈액 공급이 줄어들기도 하고, 늘어난 위가 미주신경을 자극하게 되어 졸릴 수 있습니다. 이는 자연스러운 현상으로 병은 아닙니다.

Q 기면증 약을 꼭 먹어야 하나요? 커피나 에너지 드링크 같은 걸 많이 먹으면 좀 나아지지 않을까요?

A 기면증은 뇌하수체의 호르몬 부족으로 나타나는 증상입니다. 커피나 에너지 드링크는 교감신경계를 항진시켜서 잠시 잠을 깨우는 효과를 냅니다. 그러나 부족한 호르몬을 대체할 수는 없기 때문에 약물 치료를 받는 편이 훨씬 효과적입니다.

PART_03

내 성격
왜 이런
걸까요

chapter 01
+
경계성 성격장애

"너랑 헤어지면 나 여기서 죽을 거야."

혜지 씨는 남자친구에게 선전포고를 했습니다. 분명 먼저 헤어지자고 했던 사람은 혜지 씨인데 막상 남자친구가 그러자고 하니 갑자기 불안해졌습니다. 버림받는 기분이 들었거든요.

혜지 씨가 남자친구를 만난 건 3개월 전 어느 술집에서였습니다. 키도 크고 잘생겼는데 매너까지 좋았던 그에게 한눈에 반해 혜지 씨가 연락처를 먼저 물어봤습니다. 처음 만났을 땐 남자친구의 얼굴, 취향 등 모든 것이 다 좋았습니다. 당연히 남자친구를 대하는 혜지 씨의 태도는 나긋나긋하고 상냥하기만 했죠. 하지만 이런 두 사람의 관계는 그리 오래가지 않았습니다. 어느 날 찾아간 남자친구의 회사 앞에서 남자친구가 다른 여자와 웃으며 이야기를 하고 있는 모습을 보았거든요. 혜지 씨는 피가 거꾸로 솟는 기분이 들어 그 모습을 보자마자 냅다 소리를 질렀습니다.

"네가 나한테 어떻게 이럴 수 있어?"

남자친구는 그냥 회사 동료라고 이야기했지만 혜지 씨의 귀에는 들리지 않았습니다. 그가 했던 다정한 행동들은 다 연기였던 것만 같고, 완전히 속은 기분이 들었습니다. 며칠이 지나도 혜지 씨의 분노는 가라앉지 않았습니다. 그 이후로 혜지 씨는 남자친구가 전화를 받을 때까지 연신 전화를 합니다. 열 통, 스무 통…. 그래도 분이 안 풀려 메시지를 보냅니다.

'나를 사랑하지 않는구나. 헤어져, 쓰레기 같은 놈.'

남자친구는 달라진 그녀가 당황스러웠지만 최대한 달래보려고 애를 썼습니다. 하지만 전혀 말이 통하지 않았습니다. 그래서 일방적으로 비난만 하는 혜지 씨에게 '그래, 네가 원하면 그렇게 하자'라는 답장을 보냈더니 혜지 씨가 칼을 들고 집 앞으로 찾아온 것이었습니다.

"너랑 헤어지면 나 여기서 죽을 거야."

남자친구는 이제 혜지 씨가 무섭습니다.

• **경계성 성격장애**: 자아상, 대인 관계, 정서가 불안정하고 충동적인 특징을 갖는 성격장애.

너무 싫거나,
혹은 너무 좋거나

무슨 일이든 좋고 싫음이 분명한 성격을 가진 사람들이 있습니다. 호불호가 명확해서 자기주장이 강하고, 똑 부러지는 성격이 매력적이기도 하지만, 그 정도가 심하면 문제가 됩니다. 좋아하는 사람에게는 간이라도 내어줄 듯 헌신하고 잘해주는 반면, 싫어하는 사람에게는 그 사람이 어떤 행동을 해도 무조건 싫어하고 아예 없는 사람 취급을 하기도 합니다. 상대방이 '호'에 해당하면 천사의 모습으로, '불호'에 해당하면 악마의 모습으로 언제든지 돌변할 수 있는 것이 경계성 성격장애 환자들의 특징입니다.

성격장애란 무엇일까?

청소년기 이후에 형성된 뚜렷한 성격이 일상생활에 문제가 될 수준인 경우를 '성격장애'라고 합니다. 단순히 까칠하거나 모난 것과는 차원이 다른 병적인 성격입니다. 이 성격장애는 크게 세 그룹으로 나눌 수 있습니다.

먼저 A그룹은 '이상하다, 특이하다'는 특징을 가지고 있습니다. 생각하는 내용이나 관심을 갖는 분야가 범상치 않습니다. 모든 것을 불신하고 의심하는 편집성 성격장애, 사회와 단절된 상태에서 안도감을 느끼는 분열성 성격장애, 특이한 행동으로 사람들이 외면하여 혼자만의 세계에 빠져 사는 분열형 성격장애가 여기에 해당합니다.

B그룹은 극적이고 감정적이며 화려한 특징이 있어 눈에 띄는 경우가 많습니다. 사이코패스와 소시오패스로 잘 알려진 반사회적 성격장애, 자아가 불안정하고 충동적인 경계성 성격장애, 감정 표현이 과장되고 주변의 시선을 받으려 하는 히스테리성 성격장애, 자신에 대한 과장된 평가를 하고 공감 능력이 결여된 자기애성 성격장애가 여기에 포함됩니다.

C그룹은 불안감이나 두려움이 많은 특징으로 이 중에서 가장 얌전한 그룹에 속합니다. 이들이 자기 속을 내비치지 않는 이상 잘 모를 수도 있습니다. 거절에 대해 예민하게 반응하고 두려워하는 회피성 성격장애, 다른 사람에게 지나치게 의존하는 의존성 성격장애, 지나친 완벽주의와 고지식함이 특징인 강박성 성격장애가 여기에 해당합니다.

⊜ 정상과 비정상의 경계

경계성 성격장애에서 '경계'는 신경증과 정신증의 경계에 있다는 뜻입니다. 쉽게 말해 정신과적 문제가 약한 수준과 심한 수준 사이에 머물러 있다는 것입니다. 따라서 가벼운 경계성 성격장애 환자들은 일상생활에 큰 지장 없이 소소한 갈등을 보이지만, 증상이 심한 환자들은 환청을 듣거나 환시를 보기도 합니다.

⊖ '불안정', 경계성 성격장애의 키워드

경계성 성격장애는 유전적으로 약하게 태어난 사람이 과도한 스트레스를 받았을 때 발생하거나, 부모의 불안정한 양육법 때문에 후천적으로 나타나기도 합니다. 자녀의 특정 행동에 대해 어떤 땐 화를 내고 어떤 땐 칭찬을 한다면, 자녀는 자신의 행동이 옳은 것인지 그른 것인지 헷갈리고 정서적으로 불안해질 수 있습니다.

경계성 성격장애 환자의 키워드는 '불안정'입니다. 붐비는 광장에서 엄마를 잃어버린 아이의 불안정한 심리처럼 대인 관계, 감정 상태, 자아 정체성 모두가 매우 불안정해 늘 위태위태합니다.

명확해 보이는 행동과는 달리 자신이 어떤 사람인지도 불분명하고 늘 공허해합니다. 그 공허함을 채우기 위해 사람들을 자주 만나지만 안정적인 관계를 형성하지 못하기 때문에 만남과 헤어짐이 반복됩니다. 또한 충동적인 행동을 자주 하고 약물이나 술에 의존하기도 합니다.

⊜ 이상화와 평가절하

경계성 성격장애 환자들은 누군가가 마음에 들면 대상을 이상화하기 시작합니다. 혜지 씨가 그랬던 것처럼 그 상대는 세상에서 가장 완벽한 사람이 되는 겁니다. 그 사람의 모든 것이 하나부터 열까지 너무 멋지고 대단하게 느껴집니다. 끊임없이 칭찬하고 입이 닳도록 칭송합니다. 상대방은 처음엔 '뭐지?' 하다가도 이내 기분이 좋아지고 들뜨게 됩니다. 하지만 이런 이상화가 계속될 수는 없습니다. 완벽한 상대에게 거는 기대 또한 어마어마하기 때문입니다. 상대가 그 기대에 조금이라도 못 미치거나 자신을 실망시키는 순간이 오면 경계성 성격장애 환자는 무섭게 돌변합니다.

경계성 성격장애 환자들의 대인 관계는 불안정할 수밖에 없습니다. 본인 스스로가 천사와 악마를 오가듯, 자신이 평가하는 타인도 천사

아니면 악마입니다. 적당히 괜찮은 사람이라는 건 경계성 성격장애 환자들에게는 존재하지 않습니다.

🔍 기왓장 쌓기

경계성 성격장애를 가진 사람은 버림받는 것에 대한 비정상적인 두려움이 있기 때문에 연애를 할 때도 만일의 사태를 대비해 양다리를 걸치는 경우가 많습니다. 이성 친구와 헤어지기 전 그를 대신할 수 있는 다른 사람을 미리 만들어놓고 헤어지기도 하는데, 이를 기왓장을 겹쳐서 쌓는 것과 같다고 해서 '기왓장 쌓기'라고 부릅니다.

⊖ 치료는 어떻게 할까?

경계성 성격장애는 가벼운 증상에서 심해지는 경계를 넘어가는 순간 정신증으로 발전할 가능성이 크고, 불안정한 정서와 우울감이 동반되므로 자해나 자살 시도 등 충동적인 행동을 할 수 있습니다. 따라서 이로 인해 생활이 힘들다면 전문의가 처방한 약물 치료와 정신 치료를 함께 받는 것이 좋습니다.

경계성 성격장애 환자들의 경우 전문의가 적극적으로 환자의 문제를 함께 알아보고 즉각적인 대처 방안을 찾아나가는 '변증법적 행동 치료(dialectical behavioral therapy)'가 효과적이라는 연구 결과가 있습니다. 또 안정적인 애착 관계를 형성하는 것이 그들의 발전에 있어서 중요한 과제이기 때문에 신뢰할 만한 전문의와 관계를 잘 형성하는 게 중요합니다.

진 단 체 크

진단	**나도 경계성 성격장애일까?**	출처	DSM-5

A. 자신이 '그렇다'라고 느끼는 사항에 체크해보세요.

01 실제 혹은 상상 속에서 버림받지 않기 위해 미친 듯이 노력한다. ☐

02 지나치게 이상화와 과소평가를 반복하며 대인 관계가 불안정하고 격렬하다. ☐

03 자신에 대한 이미지와 느낌이 뚜렷하지 않고 혼란스럽다. ☐

04 과소비, 도둑질, 부주의한 운전, 과식 등 자신에게 해로운 것에 대해 두 가지 이상 충동적으로 행동한다. ☐

05 반복적인 자살 행동이나, 위협 혹은 자해 행동을 한다. ☐

06 수 시간 동안 심한 불쾌감이나 과민성 불안이 지속돼 감정 상태가 불안정하다. ☐

07 만성적으로 공허감을 느낀다. ☐

08 화를 부적절하고 심하게 내거나 조절하지 못한다. ☐

09 스트레스와 연관된 피해망상 또는 심한 기억상실 증상이 있다. ☐

진단 결과

5개 이상 '그렇다'인 경우: 경계성 성격장애라고 진단.

※ 경계성 성격장애는 대인 관계, 자아상 및 감정의 불안정성과 현저한 충동성의 광범위한 형태로 성인기 초기에 시작되며 여러 가지 상황에서 나타날 수 있습니다.

마음치료 처방전

Q&A

Q 경계성 성격장애는 평생 계속되나요?

A 보통은 나이가 들면서 호전됩니다. 아주 좋아져서 없어지기보다는 증상의 정도가 이전보다 좀 덜해지는 편입니다.

Q 경계성 성격장애에서 정신증으로 발전하는 경우가 어느 정도 되나요?

A 실제로 정신증으로 발전하는 경우는 드뭅니다. 처음에 경계성 성격장애로 진단받은 뒤 망상이나 환청 등의 정신증이 지속된다면 애초에 조현병을 가지고 있던 사람이 경계성 성격장애처럼 보였을 가능성이 더 큽니다.

Q 경계성 성격장애와 다른 정신 질환이 같이 올 수 있나요?

A 경계성 성격장애는 한 가지 문제만 있기보다는 다양한 문제가 복합적으로 얽혀 있습니다. 우울증이나 조울증처럼 감정이 널뛰는 정동장애가 동반되기도 하고, 늘 공허함을 느끼기 때문에 알코올, 담배, 마약 등의 중독에 빠지기도 쉽습니다.

Q 저는 누군가 저를 사랑해주지 않는 것이 두려워 애인과 헤어질 때도 항상 대체할 사람을 만들어둡니다. 친구 관계나 가족 관계에서는 별다른 문제가 없는데 꼭 연애에서만 그럽니다. 이런 경우 경계성 성격장애인가요?

A 경계성 성격장애라고 보긴 어렵습니다. 성격장애라면 다른 영역에서도 문제가 나타나기 마련입니다.

Q 불현듯 엄습하는 공허감을 어떻게 채워야 할까요? 술을 마시거나 쇼핑을 해도 그 순간뿐이에요.

A 마음의 결핍이 다른 것으로 채워질 수 있을까요? 어쩌면 정말 문제가 있는 부분은 보고 싶지 않아서 자꾸 다른 쪽으로 시선을 돌리는 것일 수 있습니다. 정작 문제는 따로 있는데 엉뚱한 곳에서 해결을 하려다 보니 어긋나는 것입니다. 나의 힘든 감정을 마주하는 게 버겁지만 원인이 뭔지 알아야 해결할 수 있으니 그 공허감을 자세히 살펴봐야 합니다.

Q 흔히 얘기하는 오타쿠 같은 경우도 경계성 성격장애일 가능성이 있나요?

A 특정 대상이나 사물에 집착하며 자기만의 세계에 빠져서 사는 사람들을 흔히 오타쿠라고 부릅니다. 그 자체를 성격장애로 보긴 어렵지만, 굳이 분류하자면 경계성 성격장애보다는 정신분열성 성격장애에 더 가깝습니다. 그러나 이 경우도 사람마다 천차만별이기 때문에 좀 더 살펴봐야 합니다.

Q 호불호가 분명해서 좋은 사람과는 가족처럼 지내지만 싫은 사람과는 말도 하지 않습니다. 제 성격이 워낙 확실해서 그런 것 같은데 혹시 경계성 성격장애인가요?

A 그 정도로 경계성 성격장애라고 보긴 어렵습니다. 호불호가 분명하다고 해서 경계성 성격장애는 아니니까요.

Q 자가 진단을 해보니 많은 부분 경계성 성격장애에 해당합니다. 병원 진료는 한 번도 해본 적이 없으나 심리학 도서 읽기, 끊임없는 자기계발 등으로 극복하려 노력하고 있습니다. 계속 노력한다면 나아지지 않을까요? 성격 문제인 것 같은데 반드시 병원에 가야 하나요?

A 일상생활에 별 지장이 없고 본인도 그다지 힘들지 않다면 굳이 병원 치료가 필요하진 않습니다. 다만, 경계성 성격장애라면 불안정한 감정 상태 등으로 힘든 상황이 자주 발생하는데 이럴 경우 병원의 도움을 받는 것이 더 효과적입니다.

chapter 02

의존성 성격장애

해은이는 오늘도 집에 오자마자 엄마 눈치를 살핍니다. 엄마는 명문대 출신의 성공한 의사입니다. 엄마는 해은이에게 기대가 높지만 해은이는 엄마를 만족시킬 자신이 없습니다. 다만 엄마가 가라는 학원을 가고, 엄마가 짜준 스케줄대로 하루를 보낼 뿐이죠. 착실하게 살고 있지만 엄마가 자신에게 실망을 할까 늘 불안합니다.

학교에서 해은이는 인기가 많습니다. 친구들의 부탁을 잘 들어주고 상대방의 의견을 먼저 생각하거든요. 방과 후 활동을 정할 때도, 동아리 활동을 할 때도 자신이 하고 싶은 것보다 친구의 의견을 따르는 경우가 대부분입니다. 해은이는 이런 자신이 결정장애가 있는 것 같다고 생각합니다. 편의점에서 물건 하나를 살 때도 엄마나 친구들에게 물어보고 사거든요. 누군가 그 물건이 별로라고 하면 절대 사지 않습니다.

어느 날 학교에서 '어떤 사람이 되고 싶은가?'라는 질문을 받고 해은이는 멍해졌습니다. 그동안은 엄마의 바람에 따라 장래 희망이 의사였는데, 막상

구체적인 질문을 받고 나니 자신이 무엇이 되고 싶은지도, 무엇이 될 수 있을지도 몰랐던 것입니다.

"살면서 한번도 내 생각대로 살아본 적이 없었던 것 같아요. 늘 엄마나 친구들의 눈치를 봤고 그들이 원하는 사람으로 살아왔어요. 그렇게 하지 않으면 주변 사람들이 실망하고 날 좋아하지 않을까 봐 겁이 났었거든요."

• **의존성 성격장애**: 주변 사람들로부터 보호받고자 하는 욕구가 지나쳐 자신의 의존 욕구를 만족시키기 위해 타인에게 매달리고, 타인의 무리한 요구에 순종적으로 응하는 성격장애.

혼자선 아무것도
할 수 없어요

요즘 '결정장애'라는 말이 흔히 쓰입니다. 무언가를 선택할 때 혼자서는 도무지 결정할 수 없는 상태를 말하는데, 심해지면 인생의 모든 결정을 남이 내려주길 바라는 의존성 성격장애가 될 수 있습니다.

왜 생기는 것일까?

정신분석의 창시자 프로이트는 의존성 성격장애가 1개월에서 18개월 사이의 구강기에 고착되어 나타나는 현상이라고 설명했습니다. 구강기에는 음식을 먹기 위해 타인에 의존해야만 하기 때문입니다. 몸은 성장했는데 심리적으로 이 구강기를 벗어나지 못해서 모든 일을 타인에게 의존하게 된다는 것입니다.

애착의 관점에서 보면 의존성 성격장애의 원인은 부모와 안정적인 애착 관계가 형성되지 않아서라고 볼 수 있습니다. 해은이처럼 엄마가 하나부터 열까지 아이에게 관여해왔다면, 당연히 아이는 사랑받기 위해 엄마가 하라는 대로 따르는 것이 옳다고 생각했을 것입니다. 만약 엄마의 기대에 따르지 못하면 그 사랑을 잃을까 봐 불안해져 더욱 의존하게 됩니다. 이렇게 자란 아이는 자신이 혼자서 뭔가를 해낼 수 있을 거라는 믿음을 가지기가 어렵습니다.

의존성 성격장애 환자들은 보통 자신을 위해서 힘든 일을 참아내는 것은 어려워하지만 다른 사람을 위해서는 힘든 일도 마다하지 않습니다. 자신을 무시한다거나, 인격적으로 대하지 않는 등의 부당한 대우도 잘 참는 편입니다.

또한 타인의 감정적 지지에 지나치게 의존하기 때문에 늘 누군가 자신을 두둔해주길 바라고 자신의 행동이나 생각 하나하나에 동의해주길 바랍니다. 동의가 없는 행동은 하질 않습니다. 어떤 사람들은 타인의 반응에 따라 자기 행동의 옳고 그름을 정하기도 합니다.

혼자서는 아무것도 할 수가 없어 무기력해지므로 혼자 있는 것을 싫어합니다. 늘 사람들과 함께하기 위해서 매우 순종적으로 행동하는 편입니다. 다른 사람과 어울리고 싶은 욕구가 강하기 때문에 부당한 대우도 참고 견디며 받아들여지기 위해 자신을 비하하기도 합니다. 그래서 사람들이 더 함부로 대하기도 합니다. 심해지면 타인의 망상까지도 함께 믿어버리는 공유 정신병적 장애(shared

psychotic disorder)도 나타날 수 있습니다.

　타인에게 의존하고 인정받고 싶은 욕구는 누구나 있습니다. 다만 그 정도가 심해서 자신의 삶을 사는 데 지장을 준다면 치료가 필요합니다.

⊜ 어떻게 치료해야 할까?

첫 번째로 자신의 문제를 인지해야 하고, 두 번째로는 변화를 위해 연습해야 합니다. 성격장애 환자들은 본인의 성격일 뿐이라며 문제를 대수롭지 않게 생각합니다. 자신을 인정하고 객관적으로 바라봐야 문제를 인식할 수 있습니다.

　의존성 성격장애의 핵심 감정은 '불안'입니다. 불안의 근원에 대해 탐색해보는 과정이 필요합니다. 어떤 때 불안이 느껴졌는지, 그럴 때마다 나는 어떻게 행동해왔는지 차근차근 접근해보고, 대안을 찾아 일상생활에 적용해 보는 것입니다. 정신분석이나 인지행동 치료와 같은 상담 치료가 큰 도움이 될 수 있고, 만약 불안장애를 동반한다면 약물 치료를 함께 받아야 합니다.

　오랜 시간 살아온 생활 방식이 단시간에 뚝딱 바뀌진 않습니다. 이 습관이 바뀌기 위해서는 작은 것 하나부터 스스로 해보는 것이 중요합니다.

진 단 체 크

진단	**나도 의존성 성격장애일까?**	출처	DSM-5

A. 자신이 '그렇다'라고 느끼는 사항에 체크해보세요.

01 다른 사람으로부터 받은 조언이나 확신 없이는 스스로 결정을 내리 ☐
   지 못한다.

02 자신의 생활 전반에 대해 책임질 다른 사람이 필요하다. ☐

03 주변 사람들의 지지나 동의를 잃는 것이 두려워 반대를 못한다. ☐

04 자신의 능력이나 판단에 대해 확신이 없어 어떤 일을 시작하는 데 ☐
   어려움이 있다.

05 불쾌한 일일지라도 다른 사람의 지지를 얻기 위해 그 일에 자원한다. ☐

06 스스로 자신을 돌볼 수 없을 것 같은 두려움 때문에 혼자 있으면 불 ☐
   편하고 무력해진다.

07 자신을 돌봐주고 지지해주던 사람과 헤어지게 되면 그러한 지지와 ☐
   돌봄을 받기 위해 급히 다른 사람을 만나야 한다.

08 항상 스스로를 돌봐야 하는 상황에 처할 수 있다는 두려움에 집착한다. ☐

진단 결과

5개 이상 '그렇다'인 경우: 의존성 성격장애라고 진단.

Q 제 친한 친구 하나가 최근 너무나 의존적이게 되었습니다. 혼자서는 아무것도 하질 못해요. 누가 같이 먹어주지 않으면 밥도 안 먹고 혼자서는 공부도 잘 하지 않습니다. 늘 주변에서 챙겨줘야 하는데, 이 친구 의존성 성격장애인가요? 혼자서는 너무 힘이 없어 보여서 도와주고 싶긴 한데, 그렇다고 제가 모든 것을 다 해줄 수는 없잖아요? 대체 어떻게 해야 하죠?

A 이런 무기력한 증상이 최근 발생했다고 하면 의존성 성격장애보다는 우울증이 더 의심됩니다. 친구에게 어떤 문제가 될 만한 사건이 있었나요? 무기력이 심해지면 사는 게 귀찮고 싫어집니다. 이런 상황이 계속될 경우 상담을 받는 것이 좋습니다.

Q 저는 중학생입니다. 요즘 학교에서 힘들어서요. 혹시라도 따돌림을 당할까 봐 친구들의 부탁을 거절 못합니다. 그래서 친구들이 절 만만하게 보는 것 같습니다. 초등학교 때 따돌림을 당했던 적이 있어서 또 그렇게 될까 봐 두렵습니다. 이렇게 계속 다른 사람들한테 맞춰서 살다가 의존성 성격장애가 되진 않을까요?

A 의존성 성격장애는 일종의 성격처럼 나타나는 것으로, 어떤 사건이나 상황이 원인이 되어 나타나는 것은 아닙니다. 과거에 따돌림을 당했던 경험이 트라우마로 작용해서 자신감이 없고 위축된 것 같습니다. 억지로 하기 싫은 일을 하는 것보다는 부드럽게 거절하는 방법을 연습해보는 게 어떨까요? 내가 나를 존중해주지 않으면 남도 날 존중해주지 않습니다. 강하게 화를 내서 거절하라는 뜻이 아니라 "내가 ~해서 ~하긴 좀 어려울 것 같은데" 이런 식으로 돌려서 말해보세요. 그리고 너무 무리해서 친구들에게 다 맞춰주려고 하지 마세요. 나랑 맞는 친구는 남는 거고 아닌 친구는 자연스럽게 멀어지게 될 것입니다.

Q 전 친구들, 부모님, 선생님 눈치도 많이 보고 혼자서는 아무것도 못해요. 밥도 누가 먹자고 하면 먹고, 공부도 남들한테 잘 보이고 싶어서 하는 것 같아요. 처음엔 이런 성격이 문제 된다고 생각하지 않았는데 계속 이렇게 눈치 보며 지내니 너무 피곤합니다. 이런 성격을 고칠 방법은 없을까요?

A 스스로 그렇게 살면 피곤하다는 사실을 깨달았네요. 우선 남 눈치를 보지 않는 연습이 필요합니다. 어쩌다 그렇게 눈치를 보게 되었을까요? 그 근원적인 이유를 살펴보아야 합니다. 보통 타인들의 지지와 사랑을 받지 못할 것 같은 불안이 원인이 되는 경우가 많습니다. 누군가를 완벽하게 만족시키는 것은 불가능합니다. 그럴 필요도 없고요. 내가 어떤 때 피곤하게 행동하는지 살펴보고 다른 대처 방법을 고민해보는 것이 좋습니다.

Q 저는 23세 직장인입니다. 지금껏 한 번도 부모님 말씀은 어겨본 적이 없고, 회사에서도 원만하게 생활해왔습니다. 그런데 한 달 전 남자 친구가 생겼습니다. 메뉴 고르는 것부터 데이트 코스까지 남자가 정하는 건 당연하다고 생각해서 별다른 의견을 내지 않습니다. 매번 조언을 구하는 저를 보고 남자 친구가 의존성 성격장애라고 놀리는데요, 이런 경우도 의존성 성격장애라고 할 수 있나요?

A 어느 정도의 의존성은 누구에게나 있습니다. 단순히 타인의 이야기를 잘 듣고 조언을 자주 구한다고 해서 의존성 성격장애라고 할 수는 없습니다. 일상생활에서 전혀 문제가 없고 불편한 것도 없다면 크게 신경 쓰지 않아도 됩니다.

chapter 03

자기애성 성격장애

지연 씨는 오늘 소개팅으로 알게 된 진수 씨를 고급 레스토랑에서 만나기로 했습니다. 그런데 30분이 지나도 그림자도 보이지 않는 것입니다. 그는 소개팅 날에도 지각했었습니다. 화가 머리끝까지 차올라 돌아가려던 차에야 진수 씨가 얼굴을 비칩니다. 두 번째 지각을 하고도 미안하다는 말 한마디 없이 당당하기만 합니다. 그러고는 자기가 잘 아는 레스토랑이라며 지연 씨의 의사는 물어보지도 않고 이것저것 마음대로 주문을 합니다. 지연 씨는 황당했지만 일단 잠자코 있어봅니다.

"내가 승마장 운영하고 있는 건 알지? 근데 아는 연예인 애들이 몇 명 왔다 가더니 회원이 갑자기 늘어서 요즘 엄청나게 바빠졌어. 한 달 매출이 1,000만 원에서 3,000만 원으로 올랐지 뭐야."

진수 씨는 자신의 사업 이야기를 시작으로 인맥 자랑, 차 자랑까지 무표정한 지연 씨 앞에서 계속 떠듭니다. 지연 씨가 끝없는 자기자랑에 지쳐갈 때쯤 주문한 음식이 나왔습니다. 포크를 막 들려는 순간 갑자기 진수 씨가 냅다 웨이터에게 소리를 지릅니다.

"야! 이게 뭐야? 고기가 왜 이래? 내가 얼마나 익혀 먹는지 몰라? 너 여기 온 지 얼마 안 됐지? 나 너희 사장 친구야. 사장 불러와, 당장!"

지연 씨는 창피해서 당장에라도 이 자리를 박차고 나가고 싶었습니다.

이 남자 도대체 왜 이러는 걸까요?

- **자기애성 성격장애**: 무한한 성공욕으로 가득 차 있고, 사람들로부터 존경과 관심을 끌려고 지나치게 애쓴다. 자신의 성공을 위해 대인 관계에서의 착취, 공감 결여 등의 행동 양식을 보인다.

난
특별하니까!

누구나 어린 시절엔 자신이 세상의 전부인 시기를 겪게 됩니다. 내가 굉장한 사람인 것 같고 뭐든지 다 할 수 있을 것 같습니다. 그러다 성장 과정에서 여러 경험을 하게 되면서 주위로부터 인정을 받기도 하고, 실패나 좌절을 겪기도 합니다.

이런 경험을 바탕으로 '아, 내가 이 정도의 사람이구나'라고 느낀 뒤, 사회생활에 적합한 정도의 자기애를 가지고 세상을 살아가게 됩니다. 내 한계를 인정하고 건강한 자아상을 유지할 수 있는 능력을 가지게 되는 것입니다. 하지만 이때 건강한 발달 과정을 거치지 못하면 진수 씨처럼 잘못된 자아상을 가진 '자기애성 성격장애'가 되고 맙니다.

나 이만큼 잘났다!

남다른 재능 덕분에 어려서부터 칭찬에만 익숙하거나, '넌 특별해'라며 과도한 자신감을 심어주는 부모 밑에서 자란 사람들은 현실 감각이 다소 떨어질 수 있습니다. 부모의 과잉보호 아래서 좌절을 경험해

보지 못한 사람들도 여기에 해당합니다. 반대로 심한 좌절을 겪어 자
존감에 큰 상처를 받았던 사람이 오히려 자신의 작은 장점을 부풀리
고 집중하는 방식의 방어기제를 사용하기도 합니다.

이런 사람들은 타인에 대해서 지나치게 좋은 평가를 하거나 극단
적으로 평가절하하는 경향이 있고, 자기 자신에 대해서도 지나친 자
신감 혹은 열등감을 가지게 됩니다.

⊝ 나르시시스트의 갑질

2014년 한 백화점에서 서비스가 마음에 안 든다며 주차요원에게 무
릎을 꿇게 한 모녀의 갑(甲)질이 논란이 된 적이 있었습니다. 이는 자
기애성 성격장애 환자의 전형적인 특징으로 누군가를 착취하는 대인

관계를 일삼으며 양심의 가책은 하나도 받지 않습니다. 자신은 굉장히 특별한 존재이기 때문에 타인의 권리 따위는 중요하지 않다고 생각합니다. 이유가 무엇이든 자기 뜻대로 되지 않으면 화부터 내는 겁니다.

"너 같은 게 뭔데? 감히 나같이 대단한 사람에게 대들어?"

나는 찍는다, 고로 존재한다

2013년 옥스퍼드 대학교에서 올해의 단어로 '셀피(selfie)'라는 말을 선정했습니다. 우리나라에서는 셀카(셀프 카메라)라는 말로 이미 꽤 오래전부터 유명했지만 스마트폰이 보급되고 페이스북, 인스타그램 등 SNS의 발달로 범세계적인 현상이 되었습니다.

물론 과거에도 사람들은 초상화를 그려서 자신의 모습을 보며 지금처럼 만족감을 느끼곤 했습니다. 그러나 그때는 사회, 경제적 이유로 아무나 자신의 초상화를 그릴 수 없었습니다. 반면 어디서든 휴대전화 카메라로 무엇이든 찍어 SNS에 올릴 수 있는 지금은 내 멋진 모습을 모두에게 보여주는 것이 가능해졌습니다.

비싼 차, 고급 레스토랑, 화려한 해외 여행지 등을 배경으로 한 셀카로 도배된 SNS를 보고 있으면 나만 평범한 일상을 살고 있는 것 같아 부러운 마음까지 들기도 합니다. 하지만 한편으로는 '나 이렇게 멋지게 살고 있다'는 것을 다른 사람들이 좀 알아줬으면 하는 당사자들

의 절실한 마음과 함께, 그들 뒤에 숨어 있는 열등감을 들여다보게 됩니다. 뭔가를 강하게 어필한다는 것은 무언가가 부족하기 때문일 수 있습니다. 스스로 부족하다고 느끼기 때문에 타인으로부터 '그래 멋진 인생이구나, 부러워'라는 말을 들어야 안심이 되는 것입니다. 자신감이 충만한 사람이라면 굳이 다른 사람의 '좋아요'가 필요하지 않습니다.

🔍 어떻게 치료해야 할까?

자기애성 성격장애는 사실 치료가 어렵습니다. 스스로 문제가 있다는 사실을 인정하지 않기 때문에 그들은 병원을 찾지 않습니다. 어쩌다 병원에 오게 되더라도 전문의가 자신의 급에 맞는 굉장히 대단하고 특별한 사람이 아닌 이상 협조적이지 않아서 치료가 어렵습니다.

하지만 그들도 사회생활을 하면서 분명 괴로운 점들이 있을 것입니다. 남들이 인정해 주지 않아 괴롭고, 자신이 기대만큼 대단한 사람이 아니라는 사실을 맞닥뜨리기도 쉽지 않을 테니까요. 이런 일상생활의 힘든 점들을 살펴보고 근본적인 원인에 대해 천천히 접근해야 합니다.

진 단 체 크

| 진단 | **나도 자기애성 성격장애일까?** | 출처 | DSM-5 |

A. 자신이 '그렇다'라고 느끼는 사항에 체크해보세요.

※ 이 진단은 만 18세 이상에게 적용됩니다.

01 어떤 일을 할 때 나를 지나치게 중요하다고 생각한다. ☐

02 계속해서 성공, 권력, 명석함, 아름다움, 이상적인 사랑과 같은 공상에 몰두한다. ☐

03 나의 문제는 특별하고 특이해서 그만큼 특별하고 높은 지위에 있는 사람이나 기관만이 이해할 수 있다고 믿는다. ☐

04 나에 대한 과도한 숭배를 요구한다. ☐

05 내가 특별한 자격을 가졌다고 생각한다. ☐

06 대인 관계에서 누군가를 착취한다. ☐

07 다른 사람들에게 감정이입이 잘 안 된다. ☐

08 다른 사람이 나를 시기하고 있다고 믿는다. ☐

09 오만하고 건방진 행동을 종종한다. ☐

진단 결과

5개 이상 '그렇다'인 경우: 자기애성 성격장애로 진단.

Q SNS로 못생긴 사람이 말을 걸면 짜증이 나요. 내가 만만해 보이나 싶어서
요. 반대로 잘생긴 사람이 친구 신청을 하면 기분이 좋아요. 저와 수준이 맞
는 친구들만 사귀고 싶은데 문제가 있는 건가요?

A 사람은 누구나 더 나은 사람이고 싶고, 괜찮은 그룹에 속하고 싶은 마음
이 있습니다. 그건 자연스러운 겁니다. 다만 스스로 자존감이 높고 자아상
이 튼튼하다면 굳이 잘난 사람과 어울려 내 대단함을 확인하고 싶은 마음은
덜 들 거라고 생각합니다. 당장 치료가 필요한 것은 아니지만 어떤 마음에서
그런 행동을 하게 되는지 자신을 이해하며 성장할 수 있다면 위의 문제에서
좀 더 자유로워질 거예요.

Q 우리 아빠는 다른 가족들의 의견은 전혀 생각하지 않고 모두 자기 맘대로만
하려고 해요. 스스로 무조건 옳다고 생각해서 전혀 소통이 안 됩니다.

A 성격장애의 가장 큰 특징은 '본인이 잘 알지 못한다'와 '잘 낫지 않는다'입
니다. 정말 성격장애로 굳어졌으면 가족이 도움 줄 수 있는 방법이 많지 않습
니다. 스스로 문제가 있다고 생각하거나 뭔가 인생이 편치 않다고 느낀다면
치료를 권해볼 만하겠지만 문제에 대한 인식이 없는 상황이라면 치료를 권했
을 때 오히려 화를 낼 가능성이 큽니다. 너무 아버지의 행동 하나하나에 상처
받지 마시고 아버지를 있는 그대로 인정하고 받아들이는 것도 방법입니다.

Q 자기애성 성격장애 테스트를 해보니 해당 사항이 5~6개가 넘어요. 남들과 딱히 문제가 있는 것도 아니고 일상생활도 잘하고 있어서 병원 갈 정도는 아닌 것 같습니다. 그러나 때로는 제 성격 때문에 스스로 힘들기도 해요. 메시지가 하나라도 늦게 오면 나를 무시하는 것 같아 화가 나고, 이런 제 자신이 한심하게 느껴져서 괴롭습니다.

A 나는 나고 남은 남이에요. 내가 그 사람을 어떻게 대하는 건 내 의지지만 그 사람이 나를 어떻게 대하느냐는 그 사람의 문제입니다. 내가 어떻게 할 수 없죠. 다만, 내가 그 사람을 함부로 대하거나 존중하지 않는다면 상대방도 당연히 날 그렇게 대하겠죠?

자기애성 성격장애의 진단 기준에 상당 부분이 해당된다면 타인을 배려하거나 공감하는 데 부족할 가능성이 큽니다. 일단 본인이 다른 사람의 입장을 생각하고 있는지를 먼저 고민해보세요. 내가 상대방을 어떻게 대하는지까지가 내 일이고 판단은 그 사람의 몫입니다. 내가 바꿀 수 없는 부분으로 괴로워하지 마세요.

Q 저는 직업도 좋고, 외모도 객관적으로 예뻐요. 이런 저에게 별것도 아닌 사람들이 뭐라고 하거나 기분 나쁘게 하면 견딜 수가 없어요. 잘난 걸 잘났다고 하는데 그게 문제인가요?

A 누가 날 불쾌하게 하는데 좋아할 사람이 있을까요? 그저 사회생활을 위해 어느 정도는 참고 넘어가는 거죠. 이런 과정이 견딜 수 없을 정도로 힘들다면 그 이유에 대해 살펴보는 것이 필요합니다.

chapter 04

반사회적 성격장애

민수 씨는 성공한 젊은 사업가입니다. 하지만 그의 성공이 정당한 방식으로 얻어진 건 아니었습니다. 각종 탈세는 물론, 경쟁 업체의 아이디어를 훔치고 자신의 죄를 부하 직원에게 뒤집어씌우는 등 회사와 자신의 이익을 위해서라면 온갖 방법을 서슴지 않았습니다.

그 배경에는 폭력적인 성향의 아버지가 있었습니다. 걸핏하면 손찌검을 하던 아버지의 폭력으로부터 벗어나고자 습관적으로 거짓말을 해온 것이 몸에 배어, 이제는 거짓말로 능란하게 어려운 상황을 탈피하는 것을 자신의 능력처럼 여기게 됐습니다. 어느 날은 죄를 뒤집어쓰고 감옥에 간 부하 직원의 부모가 찾아왔습니다. 대표라는 사람이 어떻게 아무 죄도 없는 자신의 아들을 범죄자로 만들 수 있냐며 대성통곡하는 부모 앞에서 민수 씨는 전혀 미안한 마음이 들지 않았습니다.

'자기 잘못으로 감옥에 간 걸 나더러 어떻게 하라는 거야? 아들 교육을 잘시켰으면 이런 일이 왜 일어나? 회사의 명예를 실추시킨 건 어떻게 보상할

거야?'

아무런 감정도, 죄책감도 전혀 없으니 심장 박동수도 전혀 흔들리지 않습니다. 아마 거짓말 탐지기도 민수 씨의 거짓말을 밝혀내긴 어려울 것입니다.

• **반사회적 성격장애**: 다른 사람의 권리를 무시하고 침해하는 형태를 지속적으로 보이는 성격장애. 대표적으로 사이코패스, 소시오패스가 있다.

전혀 죄책감이 들지 않아요

두려움? 양심?
그.게.뭐.지?

사이코패스, 소시오패스라고 하면 무엇이 먼저 떠오르나요? 수년 전 보험금을 타내기 위해 남편을 살해하고 가족의 눈마저 멀게 만든 한 여성의 이야기가 온 국민을 경악하게 한 적이 있습니다.

흔히 사이코패스 혹은 소시오패스라고 불리는 반사회적 성격장애자는 영화 속에나 나올 법한 흉악한 범죄자의 모습부터 민수 씨와 같은 일상적인 모습까지 굉장히 다양한 형태를 보입니다.

⊖ 사이코패스? 소시오패스?

사이코패스(psychopath)는 비도덕적인 행동을 후회나 죄책감 없이 반복하는 사람을 뜻합니다. 현대 정신의학 분류 체계에서는 사이코패스의 행동 양상을 소아 청소년기의 품행장애 혹은 성인기의 반사회적 성격장애로 구분하고 있습니다. 소시오패스(sociopath)는 사이코패스 중에서도 특히 사회적인 면을 강조하는 의미로 처음 사용되었으며 유전적 성향보다는 잘못된 사회화 과정으로 범죄를 일으킬 가능성이 큰 사람을 말합니다.

⊜ 반드시 극악무도한 범죄를 저질러야 하는 건 아니다

최근 청소년 집단이 한 여중생을 강제로 성매매시키고 잔인하게 살해한 뒤 사체를 유기한 사건이 있었습니다. 다소 극단적인 사례이긴 하지만 집을 떠나 생활하며 사회규범을 무시한 채 타인의 권리를 빼앗고 범죄를 저지르는 모습은 청소년기 품행장애에 해당하는 반사회적 성격장애의 전형적인 예입니다.

반드시 살인과 같은 극악무도한 범죄를 저질러야 반사회적 성격장애라고 할 수 있는 것은 아닙니다. 반사회적 성격장애자의 대부분은 사회규범을 지키는 것에 관심이 없고 타인의 권리를 빼앗으면서도 죄책감을 느끼지 않는 특징을 보입니다.

⊜ 반사회적 성격장애의 원인은 뭘까?

반사회적 성격장애는 가족력이 있을 때 그렇지 않은 사람에 비해 높은 확률로 발생한다고 알려져 있습니다. 유전적인 요인 외에도 공격적이거나 일관되지 않은 태도를 보이는 부모 밑에서 자라난 아이일수록 반사회적 성향을 보이는 경우가 많습니다.

뇌과학적 측면에서는 세로토닌 전달 기능의 문제와 감정을 조정하

는 변연계(감정을 담당하는 뇌 부분)나 전전두엽 회로의 기능 저하도 관련이 있다는 연구 결과가 있습니다. 일부에서는 인지기능의 문제로 반사회적 성격장애 환자들은 항상 충동적이고 위험한 자극을 찾게 된다는 설명도 있죠. 최근 연구에 따르면 반사회적 성격장애 환자의 뇌 특정 부분이 보통 사람에 비해 회백질의 부피가 작다고 합니다.

품행장애 아동들을 대상으로 한 연구에서도 대조군에 비해 뇌 피질의 부피가 현저히 작다는 결과 보고가 있어, 뇌의 구조적인 이상이 반사회적 성격장애의 원인 중 하나일 가능성이 커지는 추세입니다.

⊖ 어떻게 치료해야 할까?

최근 여러 곳에서 반사회적 성격장애의 효과적인 치료 방법들을 개발하고 있습니다. 우울증, 약물 중독, 불안장애와 같은 동반 증상에 초점을 맞춰 치료를 하고, 충동을 조절하는 약물을 사용하는 방법이 주로 사용됩니다.

품행장애를 보이는 아동들을 살펴보면 어려운 환경의 아이들이 많습니다. 충동적인 성향이 있는 아이에게 성장 환경에 대한 분노까지 더한다면 반사회적 행동이 발현될 가능성이 커집니다. 이러한 성향을 가진 아이들에게는 훈계나 체벌보다 이해와 관심이 필요합니다.

반사회적 성격장애 치료가 쉬운 과정은 아닙니다. 하지만 포기하지 않고 진심으로 이해해주려는 주변의 도움과 본인의 강한 의지가 있다면, 보다 효과적인 치료를 기대할 수 있습니다.

진 단 체 크

진단	**품행장애 진단하기**	출처	DSM-5

A. 다음 증상이 1년 이상 지속되는 경우 체크해보세요.
※ 이 진단은 만 18세 미만에게 적용됩니다.

01 자주 다른 사람을 못 살게 굴거나 협박하거나 겁먹게 한다. ☐

02 자주 싸움을 건다. ☐

03 다른 사람에게 심한 신체 손상을 줄 수 있는 무기를 사용한다. ☐

04 다른 사람에게 신체적으로 잔인하게 대한다.(예: 폭행, 성폭행) ☐

05 동물에게 잔인하게 대한다. ☐

06 피해자가 보는 앞에서 도둑질을 한다.(예: 노상강도, 지갑 날치기 등) ☐

07 다른 사람에게 강제로 성행위를 시킨다. ☐

08 심각한 파괴를 일으킬 작정으로 불을 지른다. ☐

09 다른 사람의 재산을 고의로 파괴한다.(예: 공공 기물 파손, 절도 등) ☐

10 다른 사람의 집, 건물 또는 자동차를 파괴한다. ☐

11 원하는 것을 얻거나 책임을 피하려고 자주 거짓말을 한다. ☐

12 값비싸고 중요한 물건을 훔친다. ☐

13 만 13세 이전부터 부모가 금지하는데도 자주 외박을 한다. ☐

14 부모나 다른 보호자와 함께 살면서 최소 2번 이상 가출을 했다. ☐

15 만 13세 이전부터 무단결석을 자주 하였다. ☐

진단 결과

3개 이상 '그렇다'인 경우: 품행장애라고 진단.

마음치료 처방전

진단	**반사회적 성격장애 진단하기**	출처	DSM-5

A. 다음 증상이 1년 이상 지속되는 경우 체크해보세요.

※ 이 진단은 만 18세 이전에 품행장애 증상을 보인 성인에게 적용됩니다.

01 반복적인 범법 행위로 체포되는 등 법률적 사회규범을 따르지 않는다. ☐

02 거짓말을 반복하면서 자신의 이익과 쾌락을 위해 다른 사람을 속인다. ☐

03 충동적이거나 미리 계획을 세우지 않고 행동한다. ☐

04 쉽게 흥분하고 공격적이어서 싸움이나 타인을 공격하는 일이 반복된다. ☐

05 자신이나 타인의 안전을 무모하게 무시한다. ☐

06 시종일관 무책임하다.(예: 일정한 직업을 꾸준히 유지하지 못하거나 당연히 해야 할 재정적 책임을 다하지 못한다.) ☐

07 다른 사람에게 해를 입히거나 학대하는 것, 또는 다른 사람의 물건을 훔치는 것에 대해 아무렇지도 않게 느낀다. ☐

진단 결과

3개 이상 '그렇다'인 경우: 반사회적 성격장애라고 진단.

※ 조현병이나 조증의 발현 중에 일어난 것이 아닐 때 해당합니다.

Q 저는 잔인한 상상을 많이 해요. 지나가는 누군가를 해치고 싶은 생각이 들 때도 있고 잔인한 영화나 동영상도 자주 보고요. 이런 제가 사이코패스는 아닐까요?

A 잔인한 상상을 하는 것만으로 반사회적 성격장애를 진단하지는 않습니다. 우울증 환자에게도 유사한 강박은 생길 수 있어요. 스스로의 무력감을 극복하기 위한 노력으로 잔인한 영화나 동영상을 보기도 하죠. 반사회적 성격장애는 아니지만, 감정이나 충동 조절에 어려움을 가지고 있는 것 같습니다. 분노의 원인이 무엇인지 좀 더 살펴볼 필요가 있겠습니다.

Q 고등학생 아들이 하나 있습니다. 아들이 학교에 안 나간 지 벌써 2주 정도 되었습니다. 학교에선 맨날 싸움만 하고 다니는 것 같고, 지난번엔 지나가던 행인과 시비가 붙어 경찰서에서도 연락이 왔었어요. 밖에서 불량한 친구들과 어울리는 것 같습니다. 갑자기 왜 이러는지 모르겠어요. 인터넷을 찾아보니 아이가 품행장애일 수도 있다는데 어쩌죠?

A 일단 아들과 이야기를 해보는 게 어떨까요? 청소년기는 질풍노도의 시기입니다. 품행장애일 수도 있지만 그 시기에 나타나는 일시적인 행동일 수도 있어요. 잘못된 행동에만 초점을 맞춰 혼내기만 하면 아이는 마음의 문을 열 기 어렵습니다. 아이가 왜 그런 행동을 하는지 마음을 터놓고 대화를 나눠야 합니다.

Q 반사회적 성격장애라면 전혀 나아질 수가 없는 건가요? 지난번 학교에서 심리 검사를 했더니 제가 반사회적 인격장애 성향이 있다고 나왔어요.

A 심리 검사가 성향은 짚어낼 수 있지만 병을 진단하는 데 결정적인 영향을 미치진 않습니다. 정확한 진단을 위해서는 직접 면담을 통해 자세한 병력을 들어보는 것이 필요합니다. 만약 반사회적 성향이 있다고 하더라도 스스로 자신의 문제를 파악하고 고치기 위해 노력한다면 얼마든지 나아질 수 있습니다. 너무 걱정하지 마시고 어떤 부분에서 그런 성향이 보이는지, 그 때문에 대인 관계나 일상생활에 어떤 문제가 있는지 생각해보세요.

Q 아직 일곱 살인 아이가 지나치게 잔인한 것을 좋아해요. 벌레라도 발견하면 말로 할 수 없을 만큼 잔인하게 죽이고, 자기 몸에 부스럼 딱지라도 앉으면 아픔을 참으면서까지 뜯어내 버려요. 이런 상태도 품행장애일까요?

A 아직 일곱 살이라면 품행장애보다는 다른 문제가 있을 수 있습니다. 소아정신과를 방문하셔서 평가를 받아보고 빠른 시일 내에 치료를 시작하는 게 좋습니다.

PART 04

이런_행동
왜___하는
걸까요__

 ADHD

초등학생인 준호의 엄마는 오늘도 학교에 가는 아이를 보며 마음이 무겁습니다. 준호가 어릴 때는 가만히 앉아 있질 못하고 뛰어다니는 모습에 아들이라서 그러겠거니 하고 넘어갔습니다. 유치원에서 아이가 산만하고 다른 아이들과 잘 어울리지 못한다는 선생님의 말씀도 그냥 흘려들었습니다.

　그런데 초등학교 입학하고 두 달 정도 지나 준호 담임 선생님으로부터 전화가 왔습니다. 아이가 수업 시간에 자꾸만 돌아다니고 엉뚱한 소리를 해서 몇 차례 주의를 주었지만 도무지 말을 듣지 않는다는 것이었습니다. ADHD일 수도 있으니 병원에 가보라는 담임 선생님의 말씀에 준호 엄마는 아이를 병자 취급하는 선생님에게 섭섭하고 화가 났습니다. 그렇지만 꾹 참고 죄송하다고 말하고 대신 준호를 불러 야단을 쳤습니다.

　야단을 한바탕 치니 준호는 아무 말도 하지 않았습니다. 가만히 앉아 있는 게 너무 힘들다고 말하고 싶었지만 엄마가 더 화를 낼까 봐 무서웠습니다. 학교에서도 늘 야단만 맞는 준호를 다들 바보라고 놀리기만 할 뿐 아무도 상

대해주지 않습니다. 하지만 준호 엄마는 이러한 사실을 알 리가 없습니다. 집으로 날아온 초라한 성적표만이 준호의 학교 생활을 말해주었습니다.

"너 도대체 성적이 왜 이 모양이야? 커서 뭐가 될래?"

준호는 학교에서도 학원에서도 수업 내용을 제대로 이해하지 못합니다. 수학 문제를 풀기는커녕 국어 문장을 끝까지 읽는 것도 힘듭니다. 다만 그런 사실을 엄마가 알면 혼날까 봐 아무 말도 하지 못한 채 오늘도 입을 꾹 다뭅니다.

• ADHD: 아동기에 나타나는 장애로, 지속적으로 주의력이 부족하여 산만하고 과다활동, 충동성을 보이는 상태.

한 가지 일에
집중하지 못해요

아무도 나와
놀아주지 않아...

준호처럼 잠시도 가만히 있지 못하고 주의력이 부족하며 산만한 행동을 하는 아이들을 주의력 결핍 과잉 행동장애(attention deficit hyperactivity disorder, 이하 ADHD)라고 합니다. 도대체 왜 이런 문제가 발생할까요?

과거에는 아이에게 반응을 잘해주지 않는 냉랭한 엄마 탓으로 돌리기도 하고, 또 일부에서는 생물학적인 원인이라고도 했지만 아직까지 딱 잘라 무엇 때문이라고 결론 내리기가 어렵습니다.

현재까지의 연구에 의하면 유전적으로 ADHD 성향을 가지고 태어난 아이들이 특정 환경을 만나 발현된다고 보고 있습니다. 이는 ADHD 성향을 가지고 태어나더라도 환경에 따라 증상이 없을 수도 있다는 뜻입니다.

⊜ ADHD는 도파민의 문제

신경전달물질 중 하나인 도파민은 시각, 청각, 촉각 등 감각기관을 통

내가 지금
뭘 만들고 있지?

해 뇌로 들어오는 수많은 정보들 중 필요한 것에 집중하게 하고 이를
통합합니다. 또 어떤 행동을 하면 쾌락 중추에서 분비되어 기분을 좋
게 만들어 그 행동을 강화시키는 역할도 합니다. 그런데 관련 연구에
서 ADHD 환자들은 도파민이 충분하게 분비되지 않는다는 가능성이
제기되었습니다.

　도파민이 부족하면 어느 한 가지에 집중할 수 없고 정보가 제대로
통합이 되지 않는 데다가 일시적으로 무언가를 기억하는 능력인 '작
업 기억력(working memory)'이 매우 떨어지게 됩니다. 작업 기억력
은 모든 공부에 기초가 되는 능력으로, 문장을 읽고 이해하기 위해 그
문장을 잠시 기억해두는 역할을 합니다. 또한 공부를 지속하려면 정

보를 이해하고 통합해야 하는데 어느 것 하나 제대로 작동하지 않으니 학업 성취도가 낮을 수밖에 없습니다. 게다가 늘 도파민에 목마르다 보니 자꾸 다른 자극을 찾아 충동적인 행동을 반복하게 되는 것입니다.

⊜ 부모는 힘들다

ADHD 아동의 부모는 처음에 아이의 병을 몰랐을 땐 통제되지 않는 행동 때문에 힘들어하고, ADHD 진단을 받은 뒤엔 아이가 병에 걸린 것이 자기 탓인 것 같아 죄책감에 힘들어합니다.

금방 나아지지 않는 아이를 보면 '도대체 왜 저러나? 내가 뭘 잘못한 거지?' 이런 생각들이 머릿속을 떠나지 않습니다. 불안한 마음으로 아이를 지켜보면서 부모는 지칠 수밖에 없고, 아이 또한 불안한 환경에 힘이 듭니다. 따라서 부모들도 치료가 필요한 것입니다. 아이를 병원에 데리고 다니며 부모도 함께 상담을 받는 것이 좋으며, 규칙적인 운동을 하거나 믿을 만한 사람과 대화를 하거나 종교를 갖는 것도 도움이 됩니다.

⊜ 아이도 힘들다

아이는 자신이 통제할 수 없는 뇌의 상태 때문에 자꾸 문제 되는 행동을 저지릅니다. 도파민이 부족한 뇌가 자극이 없는 지루한 상태를 견디지 못하기 때문입니다. 하지만 이런 사실을 모르는 주변 사람들은 아이의 버릇없는 행동들과 부진한 학업 성취도 때문에 '불량 학생' 또는 '구제 불능'이라고 낙인을 찍습니다. 일부 어른들은 아이를 꾸짖고 화를 내거나 체벌을 가하기도 합니다.

아이는 끊임없이 부정적인 피드백을 받으며 어린 시절을 보내게 됩니다. 스스로에 대한 이미지나 자기상이 발달하는 중요한 시기에 '나는 정말 나쁘고 쓸모없는 아이'라고 생각합니다. 게다가 이런 아이들은 친구들과 잘 어울리지 못해서 따돌림당하거나 학교 폭력에 노출되는 일이 많으며, 가슴 아픈 사건들을 겪으면서 트라우마로 가득 찬 인생을 살게 되기도 합니다.

⊜ 어떻게 치료해야 할까?

약물 치료는 약 75%의 환자들에게 효과가 있는데, 가장 많이 쓰이는 약물로는 도파민과 노르에피네프린을 활성화하는 메틸페니데이트(methylphenidate)와 아토목세틴(atomoxetine) 등이 있습니다.

메틸페니데이트의 경우 공부 잘되는 약 혹은 식욕억제제로 남용되는 경우가 많은데, 이 약물은 ADHD에 사용할 때는 안전하지만 남용할 경우 암페타민이나 코카인과 비슷하게 중독이 될 수 있으니 반드시 전문의 처방에 따라 복용해야 합니다.

약물 치료는 효과적이지만, 단순히 아이의 뇌가 적절하게 기능할 수 있도록 도와주는 역할만 합니다. 아이가 살아온 삶의 방식을 바꾸기 위해서는 긍정적인 경험이 필요합니다. 약물 치료를 받은 아이들은 집중할 수 있게 되면서 학업 성취도가 좋아집니다. 동시에 주변으로부터 받는 칭찬은 상태를 계속 나아지게 합니다. 이 시기에는 반드시 많은 사람들로부터 긍정적 지지를 받는 게 중요합니다.

ADHD 아이들은 새로움을 추구하는 성향이 강합니다. 따라서 지루한 일들을 참지 못하고 충동적인 행동을 많이 하게 됩니다. 잘못된 길로 빠지면 범죄자가 될 수도 있겠지만 잘 활용하면 과학자가 될 수도 있습니다. 이런 아이의 가능성을 믿고 장점을 발견해 키워주는 것이 약물만큼이나 중요한 행동 치료의 방법입니다.

어렸을 때 ADHD로 진단받은 아동이 치료를 제대로 받지 못하면, 성인기까지 그 증상이 이어질 수 있습니다. 성인이 되면 ADHD의 대표적 증상인 과잉 행동장애는 상당 부분 사라지고, 주의력 결핍만 남는 경우가 많습니다. 성인 ADHD에 걸린 사람은 무슨 일이든 마무리를 짓지 못하며, 중요한 약속을 잊어버리는 등 일상생활에 큰 어려움을 겪습니다. 그래서 ADHD를 조기 발견하여 성인기까지 이어지지 않도록 하는 것이 중요합니다.

진 단 체 크

진단	**ADHD 진단하기**	출처	DSM-5

A. '주의력 결핍'에 관한 진단입니다.
   다음 증상이 6개월 이상 지속되는 경우 체크해보세요.

01 세부적인 것에 집중하지 못하거나 학업이나 일 등에서 부주의한 실수를 저지른다. ☐

02 일을 하거나 놀이를 할 때 주의를 집중할 수 없다. ☐

03 다른 사람이 말을 할 때 잘 듣지 않는다. ☐

04 학교, 직장 등에서 지시받은 임무를 끝까지 수행하지 못한다. ☐

05 체계적으로 해야 할 일이나 활동을 하지 못한다. ☐

06 학업, 숙제 등 계속 정신을 집중해야 하는 일에 참여하기 싫어한다. ☐

07 장난감, 연필, 책 등 활동하는 데 필요한 물건들을 잃어버린다. ☐

08 외부의 자극에 의해 쉽게 산만해진다. ☐

09 종종 일상적인 활동을 잊어버린다. ☐

마음치료 처방전

**B. '과잉 행동장애'에 관한 진단입니다.
다음 증상이 6개월 이상 지속되는 경우 체크해보세요.**

01 손발을 가만히 두지 못하거나 의자에 앉아서도 몸을 꼼지락거린다. ☐

02 반드시 앉아 있어야 하는 곳이나 상황에서 자리를 뜬다. ☐

03 부적절한 상황에서 지나치게 뛰어다니거나 기어오른다. ☐

04 조용히 여가 활동에 참여하거나 놀지 못한다. ☐

05 끊임없이 움직이거나 마치 무엇인가에 쫓기는 것처럼 행동한다. ☐

06 지나치게 수다스럽게 말한다. ☐

07 질문이 채 끝나기 전에 성급하게 대답한다. ☐

08 차례를 기다리지 못한다. ☐

09 다른 사람의 활동을 방해하고 간섭한다. ☐

진단 결과

A나 B 중 하나라도 6개 이상 '그렇다'인 경우: ADHD로 진단.

Q 아이가 약을 먹은 지 이제 3개월이 지났습니다. 산만한 건 많이 줄었는데 아직까지 집중을 잘 못해요. 언제 좋아질 수 있을까요?

A 아이마다 회복하는 속도가 다르기 때문에 장담할 수는 없지만, ADHD에서 약물 치료를 시작하면 과잉 행동이 먼저 나아지고, 주의력 결핍은 시간이 좀 더 걸리는 것이 일반적입니다. 아이들마다 회복 속도가 다르니 시간을 두고 지켜봐주세요.

Q 아이에게 ADHD의 치료약이라는 리탈린(ritalin)을 복용시키려고 합니다. 혹시 무슨 부작용이 있지 않을까요? 잠을 잘 못 잔다고 하던데 그러다 키가 안 크면 어쩌죠?

A 리탈린은 메틸페니데이트 성분의 약물로 항진제입니다. 도파민과 노르에피네프린을 활성화시키기 때문에 불면증 외에도 두통, 식욕 부진, 신경증 등이 나타날 수 있습니다.

이로 인해 일시적으로 성장이 느려질 수 있지만 키가 완전히 자라는 데는 또래 아이들과 차이가 없다는 연구 결과가 있습니다. 불면이나 식욕 부진이 심하면 중간중간 약 용량을 조절하거나 약을 먹지 않는 날을 정해서 증상을 관찰하기 때문에 크게 걱정하지 않아도 됩니다.

Q 초등학생 ADHD 자녀를 가진 엄마입니다. 제 말은 전혀 듣지 않고 생떼를 쓰는 아이를 견디기 힘듭니다. 이제는 너무 화가 나고 미워서 아무것도 해주기가 싫습니다.

A 아이를 보고 있는 것만으로도 너무 지치고 힘든 부모의 마음은 충분히 이해합니다. 하지만 아이에겐 엄마가 유일한 희망입니다. 아이의 회복에 있어 결정적인 역할을 하는 게 엄마거든요. 스스로 지치지 않는 방법을 찾아야 합니다. 정기적으로 친구를 만난다거나 도움을 줄 수 있는 사람들과 대화를 하세요. 에어로빅 같은 유산소운동을 하는 것도 정신 건강에 도움이 됩니다. 엄마가 짜증 나고 힘든데 억지로 웃고 사랑하는 척해봤자 아이는 귀신같이 알아챕니다. 아이를 생각하기 전에 스스로 다독이는 시간을 가져야 합니다.

Q 초등학교 3학년인 우리 아이는 국어나 사회 같은 과목에는 문제없지만 숫자 1부터 10까지 제대로 세지를 못합니다. 유독 수학 시간이면 더 산만해지고, 혼을 내도 딴짓만 하고 있습니다. ADHD일까요?

A ADHD는 아닌 것 같습니다. 다른 과목에 비해 수학에서만 현저히 학습 능력이 떨어진다면 학습장애를 의심해볼 수 있습니다. 소아정신과에서 면밀한 검사를 받아봐야 합니다.

틱장애

"이런 개××, 아, 죄송합니다."

　수 년 전 틱장애로 방송 출연을 했던 민호 씨는 초등학교 3학년 때부터 15년간 병을 앓았습니다. 처음엔 눈 깜박임으로 시작한 틱이 나중엔 불이나 칼로 자해를 하는 행동 틱으로 발전하면서 위험한 수준으로 악화됐습니다. 거기에 입만 열면 튀어나오는 욕설과 외설적인 말 때문에 주변의 오해도 많이 받아 입에 공업용 테이프를 붙여보기도 했지만 답답할 뿐 해결이 되지 않았습니다. 이렇게 힘든 상황에서도 밝게 살아가려고 노력하는 모습이 방송에 나와 매우 인상적이었습니다.

　민호 씨는 '틱장애 환자 김민호'라고 새긴 명함도 가지고 다니면서 자신의 병을 알리기도 하고, 장애인 자립생활센터에서 인식 개선을 위한 프로그램을 기획하기도 하는 등 바쁜 삶을 살아왔습니다. 이런 그가 얼마 전 자살을 했다는 안타까운 소식이 전해졌습니다. 힘들어도 견디며 살아보려 했지만 너무나도 큰 틱장애의 고통 앞에 무릎 꿇고 만 것입니다.

• **틱장애**: 특별한 이유 없이 자신도 모르게 얼굴이나 목, 어깨, 몸통 등의 신체 일부분을 빠르게 움직이거나 이상한 소리를 내는 것을 말한다.

나도 모르게
눈 깜박, 코 쿵쿵?

쿵쿵
쿵쿵

틱장애는 특별한 이유 없이 자신도 모르게 얼굴이나 목, 어깨, 몸통 등의 신체 일부분을 아주 빠르게 반복적으로 움직이거나 이상한 소리를 내는 것을 말합니다. 눈을 깜박이거나 얼굴을 찡그리는 등 행동으로 나타나는 틱을 '운동 틱'이라 하며, 쿵쿵거리거나 같은 단어를 반복하는 등 소리로 나타나는 것을 '음성 틱'이라고 합니다. 이 두 가지의 틱 증상이 1년 넘게 나타나는 것을 투렛장애라고 합니다.

어떤 증상들이 있을까?

틱의 증상은 크게 운동 틱, 음성 틱, 복합형 운동 틱, 복합형 음성 틱으로 나눌 수 있으며 뒷장의 그림과 같은 행동을 반복적으로 합니다. 투렛장애의 유병률은 1% 이하로 여아보다 남아에게 3~4배 더 많습니다. 운동 틱은 대체로 만 7세에 많이 나타나고 음성 틱은 평균 만 11세 정도에 나타납니다.

운동 틱

- 눈 깜박이기
- 고개 까딱하기
- 어깨 으쓱하기
- 얼굴 찡그리기

음성 틱

- 목 가다듬기
- 코를 킁킁거리기
- 개 짖는 소리
- 쉿 소리 내기

복합형 운동 틱

- 자기 때리기
- 뛰어오르기
- 한쪽 발로 걷기

복합형 음성 틱

- 특수한 단어 반복하기
- 사회적으로 받아들이기 힘든 말 반복하기
- 단어나 말을 되풀이하기

마음치료 처방전

⊜ 왜 생기는 것일까?

가족 중에 투렛장애 환자가 있는 사람들은 틱장애나 강박장애의 발병 확률이 높습니다. 이러한 유전적인 요인, 뇌의 구조·기능적 이상, 도파민계의 과다 활동과 같은 뇌의 생화학적 이상, 임신 시 어머니의 흡연과 음주, 출산 과정에서의 뇌 손상 등이 틱의 발생과 관련이 있습니다.

그 밖에도 불안 스트레스 등 심리적 요인도 영향을 미치는데, 일시적인 틱은 환경적 요인에 의해 강화되어 나타나거나 특정한 상황에 연관되기도 합니다.

틱 증상을 보이는 아이에게 부모가 화를 내거나 창피를 준다면 아이는 정서적으로 불안해져 증상이 악화되기 때문에 긍정적 지지가 중요합니다.

⊜ 틱장애의 종류

투렛장애

다양한 운동 틱과 음성 틱이 1년 이상 나타납니다. 이런 틱 증상들은 동시에 나타날 수도 있고, 각기 다른 시간에 나타날 수도 있습니다. 틱의 평균 발병 연령은 만 7세이지만, 빠르면 만 2세에도 나타나고 늦어도 16세 이전에 발생합니다.

초기에는 얼굴과 목에 증상이 보이고 점차 아래로 내려가는데 몸통, 팔다리로 확대됩니다. 보통 눈 깜박임으로 시작하고 다음에는 머리를 움직이는 틱과 얼굴을 찡그리는 틱이 생깁니다.

일과성 틱장애

짧은 기간 동안 운동 틱이나 음성 틱이 나타나는데 소아기에 많이 발생합니다. 대부분 일과성 틱장애는 더 심한 틱장애로 발전하지 않지만 스트레스가 있을 때 재발할 수 있습니다.

만성 틱장애

만성적으로 한 가지 이상의 운동 틱이나 음성 틱이 발생한 경우입니다. 얼굴에서만 틱이 나타나는 것이 팔다리나 몸통에 나타나는 것보다 예후가 좋습니다.

외설증

민호 씨의 예에서 나타나는 외설증은 공격적이고 성적인 욕을 내뱉는 것으로 전체 투렛장애 환자의 3분의 1에서 나타납니다. 갑자기 머릿속에 욕하고 싶은 생각이 드는 경우도 있는데 이를 정신적인 외설증이라 합니다. 투렛장애 환자들은 시도 때도 없이 외설적인 단어들이나 문구를 내뱉거나 몸짓을 반복하기 때문에 일상생활이 굉장히 힘듭니다.

🔎 틱은 어떻게 진행될까?

틱의 경과는 매우 다양합니다. 대개 사춘기 초기에 가장 심했다가 사춘기 후반에서 성인기 초반까지 증상이 감소하는 경향이 있습니다. 가장 흔하게 눈을 깜박거리는 증상이 시작되었다가 어느 날 갑자기 처음 증상이 사라지고 코를 킁킁거리기도 합니다. 파도가 밀려오듯 갑자기 증상이 심해졌다가 며칠 뒤 잠잠해지는 식으로 호전과 악화가 반복되는 것이 특징입니다.

일시적인 틱은 대개 저절로 사라지지만, 일부는 만성 틱장애나 투렛 장애로 발전하기도 합니다. 증상이 오래된 환자는 친구 관계 학업 등에서 어려움을 겪으며 우울증 등 정신장애를 동시에 앓기도 합니다.

🔎 치료는 어떻게 할까?

발생 초기 치료

일과성 틱장애는 초기에 틱 증상을 사람들이 무시하는 것이 좋습니다. 증상이 심하지 않으면 약물 치료는 안 해도 되지만 틱이 심해져서 일상생활에 지장을 주거나 정서장애가 동반됐을 때는 약물 치료도 고려해야 합니다.

가족 교육

가족들이 아이의 틱 증상을 관찰하는 것은 분명 필요한 일이지만 틱

자체에 대해서는 무시하는 것이 좋습니다. 아이의 틱 행동에 대해 부모가 불안해하거나 불편한 감정을 드러내면 아이가 더욱 틱에 예민해질 수 있습니다. 아이가 틱에 영향을 받지 않고 자신감 있게 지낼 수 있는 방법에 초점을 맞추어야 합니다.

그러나 스트레스 때문에 틱이 악화될까 봐 아이가 해야 할 일을 부모가 대신해주는 것은 바람직하지 않습니다. 아이가 스스로 스트레스 조절법을 익히도록 도와주어야 합니다.

학교

환자뿐 아니라 함께 생활하는 다른 아이들을 위해서라도 병에 대해 충분히 이해하고 있는 학교 선생님의 협조가 필요합니다. 친구들이 틱을 가진 아이를 받아들이지 않고 따돌리게 되면 틱장애 아동의 사회성에 문제가 생기고 우울증으로 발전하기 쉽습니다. 선생님이 교실에서 긍정적인 환경을 제공하며 아이를 지지해주는 것이 중요합니다.

행동 치료

행동 치료에는 스트레스 이완 훈련, 자기 관찰, 습관 반전 등이 있습니다. 행동 치료 중 아동에게 직접 가르칠 수 있는 습관 반전의 방법은 아래와 같습니다. 틱을 하고 싶을 때 그 반대 행동을 하게 합니다. 예를 들어 고개를 뒤로 젖히는 운동 틱이 있다면 전조 증상이 나타날 때 고개를 숙입니다. 꼭 반대 행동이 아니더라도 편하게 할 수 있는 주먹 쥐기, 눈 질끈 감기 등 다른 행동을 해도 됩니다. 훈련은 일주일 정도 매일 일정한 시간에 꾸준히 하는 것이 좋습니다. 모든 가족들이 이러한 사실을 알고 격려해줘야 효과가 커집니다.

약물 치료

치료를 위해서 도파민을 억제하는 항정신병 약물인 할로페리돌(halo-peridol), 리스페리돈(risperidone) 등을 사용할 수 있습니다. 이런 약물들은 약 60~80%의 환자들에게 틱의 강도와 횟수를 감소시킵니다.

진 단 체 크

진단	**틱장애 진단하기**	출처	임상 경험을 바탕으로 저자 작성

A. 4주 이상 지속적으로 '그렇다'라고 느끼는 사항에 체크해보세요.

01 눈을 자주 깜빡인다. ☐

02 어깨를 자주 으쓱거린다. ☐

03 얼굴을 자주 찡그린다. ☐

04 자주 목을 가다듬는다. ☐

05 의미 없는 단어나 문장을 반복해서 말한다. ☐

06 외설적인 말이나 특정 욕설을 반복한다. ☐

07 쿵쿵거리거나 코를 찡그린다. ☐

진단 결과

한 가지 이상 '그렇다'인 경우: 틱장애 가능성이 있음.

마음치료 처방전

Q 아이가 틱을 참을 수 있는데 자꾸 하는 걸 보면 짜증이 나요. 일부러 그러는 것 같아서 화도 나고요. 언젠가는 친척들이 모두 모인 자리에서 심하게 고개를 까딱거리고 있어서 크게 혼을 낸 적이 있었어요. 자꾸 혼을 내다 보면 혼나기 싫어서라도 멈추지 않을까요?

A 틱을 일시적으로 참는 것은 가능하지만, 그것은 숨을 참는 것처럼 굉장히 힘든 일입니다. 억지로 참게 되면 나중에 몰아서 표현하게 됩니다. 의도적으로 하는 행동이 아니니 화를 내면 안 됩니다. 아이 입장에서는 고통스럽고 속상한 일입니다.

Q 아이가 요즘 심하게 눈을 깜박이는 것 같아요. 틱장애가 걱정되는데 약물 치료를 받아야만 하나요?

A 보통 짧은 기간 나타나는 틱은 자연스럽게 없어지는 경우가 많습니다. 아이가 크게 신경을 쓴다거나 일상생활에 지장을 줄 정도가 아니라면 일단 지켜보는 것도 괜찮습니다.

Q 친구가 틱이 있는 것 같아요. 도서관에서 공부를 하면 자꾸 고개를 갸웃거리면서 어깨를 움직이는데 그럴 때마다 주변 사람들이 그 친구를 보고 수군거려요. 친구를 위해서 무엇을 할 수 있을까요?

A 주변의 가장 바람직한 반응은 무관심입니다. 틱은 신경을 쓰면 쓸수록 더 악화되는 경우가 많습니다. 가급적이면 아는 척하지 않는 것이 좋습니다.

chapter 03

조현병

군복무 중인 인성 씨는 일병입니다. 3개월 전부터 아무 말도 하지 않고 음식도 먹지 않아 체중이 10kg이나 빠지면서 선임과 함께 병원을 찾았습니다. 군인이 정신건강의학과를 찾으면 정말 정신과적 문제가 있을 거라는 생각보다는 '군 생활이 힘들어 꾀병을 부리는 거다'라는 의심을 먼저 받게 됩니다. 인성 씨의 경우에도 주위 사람들은 병을 심각하게 생각하지 않았습니다. 군대에서 아무도 자기 말을 믿어주지 않아서인지 인성 씨는 처음엔 주치의도 믿지 못하는 눈치였습니다.

조금 친해지고 나서 알아낸 사실은 밥을 먹지 않는 이유가 누군가 음식에 독을 탔기 때문이고, 말을 하지 않는 이유는 주위에 도청 장치가 있기 때문이라는 것이었습니다. 망상이 심한 상태라 약물 치료를 시작했습니다.

항정신병 약물은 과도하게 나오는 도파민을 억제하는 역할을 합니다. 저용량에서는 잠을 푹 자게 하는 정도지만 조현병의 치료 용량으로 복용하게 되면 보통 사람들은 하루 이틀 계속 잠만 잘 수 있을 정도로 진정 효과가 강한 약물입니다.

　상태가 심각했던 인성 씨는 조현병 치료 용량을 초과하는 수준의 약물을 복용해도 멀쩡했습니다. 도파민이 정말 많이 나오고 있었던 것입니다. 약물 치료를 지속하면서 상태가 안정되자 말문이 트여서 자신의 증상에 대해 술술 이야기하기 시작했습니다.

　자신의 생각을 다른 동료들이 훤히 알고 있는 것 같았고 그래서 어떤 생각도 마음껏 할 수가 없어 너무 힘들었다고 합니다. 치료를 꾸준히 받으며 인성 씨는 무사히 군 생활을 마칠 수 있었습니다.

- **조현병**: 망상, 환청, 와해된 언어, 정서적 둔감 등의 증상과 더불어 사회적 기능에 장애를 일으킬 수도 있는 질환.

인정하기 싫지만
인정해야 하는

과거 정신분열증이라는 무시무시한 이름으로 불렸던 조현병은 1%의 유병률을 가진 흔한 질환입니다. 일본 영화 〈사토라레〉는 주인공의 생각이 대면하는 사람들에게 음성으로 들린다는 독특한 설정으로 인기를 얻었었지요.

조현병은 어떤 증상일까?

인성 씨도 영화 〈사토라레〉처럼 자신의 생각이 남에게 다 알려진다고 생각한 것입니다. 이러한 증상을 '사고 전파(thought broadcasting)'라고 합니다. 환자들에게서 나타나는 또 다른 흔한 증상으로는 마치 영화 〈트루먼 쇼〉처럼 CCTV로 내 모든 삶이 감시당하는 것 같다거나, 누가 나를 해치려고 하는 것 같다는 생각에 시달리는 것인데, 이를 '피해 사고(paranoid idea)'라고 합니다. 이 생각이 심해지면 '피해망상(paranoid delusion)'이 되는 것입니다.

　대화를 나누는 낯선 사람들과 마주쳤을 때 내 이야기를 하고 있는 것 같다거나, 지나가던 사람이 머리를 만지작거리면 나에게 신호를 보내는 거라는 식으로 해석하는 등 일련의 상황들을 나와 관련지어 생각하는 것을 '관계 사고(idea of reference)'라고 합니다.

⊜ 상상과 망상의 경계는 무엇일까?

상상은 누군가 '그게 아닌 거 아니야?'라고 말하면 '그런가?' 하며 의심할 수 있는 수준의 생각이지만 망상은 아무리 논리적으로 설명해도 부서지지 않는 견고한 믿음입니다.

영화 〈뷰티풀 마인드〉를 보면 조현병 환자가 경험하는 망상과 환시가 잘 표현되어 있습니다. 노벨 경제학상을 수상하기도 한 실존 인물 존 내시는 정부의 비밀 프로젝트에 투입되어 암호를 해독하고 비밀 요원을 만나기도 합니다. 영화를 보는 관람객들도 깜빡 속을 정도로 조현병 환자가 경험하는 상황들이 본인에게는 진짜입니다. 영화 〈사이보그지만 괜찮아〉의 영군도 자신이 사이보그라고 믿기 때문에 식사를 하지 않고 건전지로 충전합니다. 정상인이 보기엔 황당하고 말도 안 되는 이런 상황들이 그들에게는 100% 현실입니다.

⊜ 망상이 있으면 다 조현병일까?

망상은 많은 질환에서 흔하게 나타나는 증상입니다. 심한 우울증이나 조증과 같은 기분장애에서 나타나는 망상은 보통 그 기분에 맞추어 나타납니다. 조증일 때는 과대망상으로 뭔가 내가 대단한 사람이 된 것 같고 기분 좋은 망상인 경우가 많습니다. 반대로 우울증일 때는 자신이 늘 피해자라고 생각하는 피해망상, 늘 가난하고 빈곤함을 호소하는 빈곤망상 등 우울한 망상이 동반됩니다.

"며느리가 나를 굶겨 죽이려고 한다."

어디서 많이 들어본 말일 것입니다. 치매에서도 망상은 흔히 나타납니다.

⊖ 다양한 망상과 환상

망상의 종류는 굉장히 다양하지만 가장 흔한 것은 앞서 말한 피해망상과 허황된 누군가와 사랑하고 있다는 애정망상, 난 신에게 선택받은 특별한 사람이라고 생각하는 등의 과대망상, 의부증이나 의처증 등 배우자나 애인의 외도를 의심하는 질투망상 등이 있습니다.

또한 환상의 종류에는 누군가의 목소리가 주로 들리는 환청과 사람이나 귀신 같은 헛것이 보이는 환시가 가장 널리 알려져 있습니다. 그리고 우리가 느끼는 감각 모두가 환상으로 나타날 수 있다고 합니다.

조현병의 양성과 음성 증상

환청과 대화를 하느라 혼잣말을 하거나 망상 때문에 부적절한 행동을 하는 등 겉으로 드러나는 증상을 양성 증상이라고 한다면, 표정에 감정이 없고 무기력한 증상을 음성 증상이라고 합니다.

처음에는 친구들과 잘 어울리지 못하고 사회생활에 어려움을 겪는 등의 약한 음성 증상으로 시작되지만 시간이 지나면서 환청이나 환시, 망상 등의 양성 증상이 나타나게 됩니다. 처음 양성 증상이 발현되어 치료를 시작하기까지의 기간이 짧을수록 경과가 좋습니다.

조현병은 유전일까?

조현병의 일반적인 발생 확률은 1%입니다. 그러나 조현병이 있는 친족과 얼마나 가까운지에 따라 달라집니다. 일반적인 발생 확률이 1%인 데에 비해, 형제 중 조현병이 있는 아이의 발병 확률은 10~15%, 부모 중 한 사람만 조현병일 경우 아이에게 유전될 확률은 8~18%, 부모가 모두 조현병일 경우는 40%까지 높아집니다.

⊜ 어떻게 치료해야 할까?

조현병의 경우 약물 치료가 굉장히 중요합니다. 도파민이 과도하게 분비되기 때문에 이를 안정적인 수준으로 유지해주는 항정신병 약물을 주로 사용합니다.

만성 조현병 환자의 보호자들은 대부분 환자의 병에 지쳐 있습니다. 환자가 좋아질 거란 기대보다는 어쩔 수 없이 떠안은 짐으로 여기기 때문에 최대한 병원에 입원시키려 합니다. 시간이 지나 어쩔 수 없이 퇴원하더라도 대부분 집에서 방치된 채 생활하는 환자들이 많습니다. 이렇게 사회와 격리된 삶을 살아가게 되면, 갈수록 위축되고 사람 만나는 것을 두려워해 사회로 복귀하기 어렵습니다. 때문에 단순한 일이라도 할 수 있다면 일을 하는 것이 좋고, 정신보건센터나 낮병동 등을 활용하여 사회 기술 훈련이나 사회 적응 훈련을 받을 수 있도록 하는 것이 재활에 많은 도움이 됩니다.

진 단 체 크

진단	**나도 조현병일까?**	출처	DSM-5

A. 다음과 같은 증상이 1개월 이상 지속되었다면 체크해보세요.

01 망상이 여러 차례 있다. ☐

02 환각이 여러 차례 있다. ☐

03 이치에 맞지 않는 말을 사용한다.(예: 다른 이야기를 하거나, 갈피를 잡 ☐
을 수 없는 말을 한다.)

04 이치에 맞지 않은 행동을 심하게 하거나 온몸이 극도로 억제되어 ☐
있다.

05 음성 증상이 있다.(예: 감정 표현이 감소하고 의욕이 없다.) ☐

진단 결과

2개 이상 '그렇다'인 경우: 조현병으로 진단.

Q&A

Q 종교의 힘으로 치유가 될 수는 없나요?

A 조현병 환자들의 경우 우울증 같은 다른 질환에 비해 강렬한 인상이 느껴집니다. 그러다 보니 병에 대한 지식이 없는 사람들은 '미쳤다, 악마가 들었다' 이렇게 해석해서 안수기도를 권하기도 하고 기도원에 감금하기도 합니다. 조현병은 뇌의 질환이지, 영적인 문제가 아니기 때문에 병원에서 약물 치료를 받아야만 나을 수 있습니다.

Q 조현병 약을 먹고 살이 찌기도 하나요?

A 항정신병 약물 치료 중 살이 찔 수도 있습니다. 정확한 원인은 알려져 있지 않지만, 대사에 관여하는 과정에서 부작용이 생기는 것으로 추정됩니다. 그러나 최근에 개발된 약물 중에서는 부작용이 없는 약물도 있습니다. 또한 약뿐만 아니라 조현병이 진행하면서 환자의 활동량이 현저히 줄기 때문에 살이 찌기도 합니다. 그래서 치료 중에 운동을 하는 것이 중요합니다.

Q 조현병에 걸린 아들이 폭언을 너무 심하게 합니다. 모든 것을 부모인 제 탓으로 돌리고, 갑자기 폭력적이게 돌변합니다. 이런 아들을 어떻게 대해야 할까요? 무작정 받아주자니 이제 한계를 느낍니다.

A 약물 치료는 받고 있는 중인가요? 증상이 조절되지 않는 상태로 보입니다. 지금 상태는 자신 또는 다른 사람에게 해를 끼칠 우려가 있기 때문에 입원 치료를 받으면서 약물을 조절하는 게 가장 좋습니다.

Q 완전히 나을 수는 없나요?

A 초기에 발견하고 빨리 약물 치료를 시작한다면 충분히 호전될 수 있습니다. 처음 증상이 나타나서 치료받기까지의 기간이 짧을수록 병의 예후가 좋습니다. 그렇지만 병이 다소 진행되고 난 뒤에도 꾸준히 약물 치료를 받으면 큰 문제 없이 일상생활을 하는 환자들이 많습니다.

Q 약을 끊으면 바로 재발하는 것이 아닐까 겁나요.

A 조현병은 고혈압, 당뇨처럼 만성 질환입니다. 일시적으로 호전되었을 때 주치의와 상담을 통해 약을 끊거나 줄이기도 하지만 재발을 막기 위해서는 장기간 복용하는 것이 안전합니다.

Q 아버지와 삼촌이 조현병이고 사촌도 한 명 조현병입니다. 저 역시 남들에 비해 상당히 예민하고 감정 기복이 심해서 우울증이나 폭식증도 겪습니다. 이러다 어느 날 저도 발병을 할까 두렵습니다.

A 가족력이 있으면 훨씬 발병 가능성이 크고, 스트레스에도 취약합니다. 예민하고 감정 기복이 심한 부분에 대해서 치료를 받으시는 게 안전합니다.

Q 약물 치료 중에 계속 술을 먹습니다. 약물로 인해 몸과 기분이 처지는 것을 못 견디는 것 같습니다. 어떻게 해야 할까요?

A 술을 마시면 일시적으로는 기분이 좋아질 수 있지만, 진정 작용으로 결국 더 우울해집니다. 주치의와 상의해서 약물을 조절하길 바랍니다.

chapter 04

해리장애

현수 씨는 아내와 함께 차를 타고 퇴근을 하던 중 갑작스러운 사고로 아내를 잃게 되었습니다. 자신만 살아남았다는 이야기를 듣고부터 갑자기 사고가 났던 날의 모든 기억이 사라졌습니다. 자기가 누군지, 어쩌다 병원에 입원하게 되었는지, 이 모든 상황이 전혀 이해가 가지 않습니다.

"여긴 어디? 난 누구지?"

아연 씨는 어린 시절 사촌 오빠로부터 성폭행을 당했습니다. 어렵게 그 사건에 대한 이야기를 꺼내려던 찰나 갑자기 멍해집니다.

"그 이야기를 하려고 하니 머릿속이 뿌옇게 흐려지면서 아무것도 떠오르지 않아요. 제가 지금 무엇을 하고 있는지도 모르겠어요."

• **해리장애**: 통합되어 있던 개인의 기억, 의식, 정체감, 지각 기능 등이 단절되어 와해된 행동 상태.

내 안의 또 다른 나

2015년 MBC에서 방영되었던 드라마 〈킬미, 힐미〉의 주인공 차도현은 일곱 가지의 인격을 가지고 있는 '해리성 정체감 장애' 환자입니다. 신사적이고 바른 청년인 차도현과는 반대로 그를 위협하는 또 다른 그의 인격 신세기는 폭력적이고 충동적이지만 매력적입니다. 그가 가진 각각의 인격들이 모두 서로 다른 개체처럼 각자의 스타일과 취향이 있고 다른 연령대라는 점도 해리성 정체감 장애에서 나타나는 특징을 잘 그려내고 있습니다.

⊜ 해리란 무엇일까?

해리는 일종의 기억상실로 의식, 기억, 정체성을 통합하는 과정에 문제가 생긴 것을 말합니다. 때문에 하나의 통합된 기억을 가진 인격으로 존재하기가 어려워지는 것입니다.

　해리장애에는 해리성 기억상실, 해리성 정체감 장애 등이 있습니다. 해리성 기억상실은 충격적인 사건에 대한 기억을 잃어버리는 증상인데, 다시 기억이 돌아오는 경우가 많습니다. 일반인 중 약 6%에서 나타나고 해리장애 중 가장 흔한 질환입니다.

해리와 트라우마

해리는 트라우마와 관련이 있습니다. 뭔가 자신에게 충격적인 사건이 일어났고, 그 사건을 경험한 것이 나라는 사실을 받아들이기 어렵다는 특징 때문입니다. 물리적인 부분을 통제할 수 없을 때 정신적인 통제력을 유지하기 위한 노력으로 볼 수 있습니다.

해리는 충격적인 기억을 마주하게 되었을 때 느끼는 감정들로부터 자신을 보호하기 위해 기억으로의 접근을 차단합니다. 즉, 해리는 트라우마로부터 자신을 보호하기 위한 방어기제입니다.

외상이 일어난 시점에서 보면 그로부터 받은 영향을 제거하는 역할을 하고, 앞으로 살아갈 날의 관점에서 보면 외상을 극복해야 하는 괴로운 일을 미룰 수가 있게 됩니다.

해리와 억압

트라우마로부터 자신을 보호하는 또 다른 방어기제 중 하나가 억압입니다. 억압은 트라우마를 무의식의 영역에 밀어넣기 때문에 트라우마의 기억과 과거 기억들과의 연결에 문제가 되지 않습니다. 반면 해리는 의식 선상에 떠오른 트라우마와 관련된 기억을 통째로 지워버리기 때문에 과거 기억에 빈 공간이 생기게 됩니다.

아래 그림은 프로이트의 의식, 전의식, 무의식을 빙산에 비유한 것입니다. 해리는 의식에서부터 얼음이 툭 갈라져 떨어지는 것이고, 억압은 무의식이 분리되어 있는 것을 말합니다.

드라마 〈킬미, 힐미〉에서 진짜 나를 제외한 주인공의 여섯 가지 다른 인격들은 결국 자신의 과거 기억에서 파생된 또 다른 나였습니다. 신세기 역시 나쁜 놈이 아니라 차도현이 감추고 싶었던 기억 속의 또다른 자신이었던 것입니다. 드라마에서처럼 이 질환의 치료는 각각의

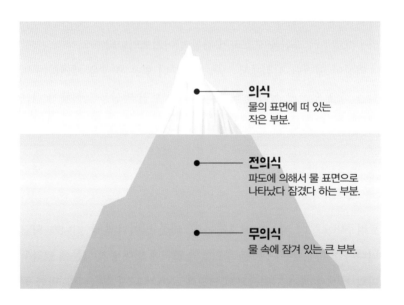

의식
물의 표면에 떠 있는
작은 부분.

전의식
파도에 의해서 물 표면으로
나타났다 잠겼다 하는 부분.

무의식
물 속에 잠겨 있는 큰 부분.

인격들이 생겨난 원인을 찾고 그 과정에서 잃어버린 기억들을 직면하여 궁극적으로는 여러 인격들을 하나로 통합할 수 있도록 돕는 과정입니다.

이 드라마가 정신건강의학을 전공하는 의사들에게도 감동을 주었던 이유 중 하나는 해리장애 환자인 차도현을 바라보는 사람들의 안타까운 시선이었습니다.

해리장애뿐 아니라 대부분의 정신과 환자들은 마주하기 힘든 상처를 가진 연약한 사람들입니다. 다른 사람들도 그렇게 환자를 바라봐주었으면 하는 치료자의 마음이 여주인공 오리진의 시점을 빌려 잘 표현되었습니다.

섣부른 치료는 위험하다

어린 시절 학대받은 모든 사람이 해리장애를 겪는 것은 아닙니다. 하지만 물리적으로 맞서 싸울 힘이 없는 상황에서 겪는 트라우마는 지독한 무력감과 함께 자신을 놓고 싶을 만큼의 괴로움을 안겨줍니다.

충격적인 사건을 경험한 뒤 발생하는 해리성 기억상실은 시간이 지나면 호전되지만, 해리성 정체감 장애는 이 해리장애 중 가장 심한 형태로 치료가 쉽지 않습니다.

환자가 과거 기억을 감당하기 힘들어서 나타난 증상이기 때문에 섣불리 트라우마의 기억을 파헤치려고 하는 것은 위험합니다. 더 강력하게 숨기고 싶어져 증상이 악화될 수 있으니까요. 기억 자체에 초점을 맞추기보다 어떻게 해서 그런 인격이 형성되었는지, 그 과정을 이해하는 것도 중요합니다. 환자가 기억을 마주할 힘이 생길 때까지 지지해주고 힘을 기를 수 있도록 돕는 것이 치료의 방향입니다.

진단	**나도 해리장애일까?**	출처	해리 경험 척도

A. 다음은 일상에서 접할 수 있는 여러 가지 경험을 나열한 것입니다. 약물이나 술을 하지 않았을 때 각각의 질문에 대한 자신의 경험 정도를 점수로 매겨보세요.

※ 점수는 '전혀 없다' 0점부터 '항상 그렇다' 10점까지입니다.

01 차를 타고 어딘가로 갈 때, 이동 도중 있었던 일이 기억나지 않을 때가 있다. (점)

02 다른 사람의 이야기를 듣고 있는 동안, 상대방이 말하는 내용을 전부 또는 부분적으로 듣고 있지 않는 것을 스스로 느낄 때가 있다. (점)

03 어떤 장소에 있으면서, 어떻게 거기로 왔는지 모를 때가 있다. (점)

04 지금 입고 있는 옷을, 언제 어떻게 해서 입었는지 기억나지 않을 때가 있다. (점)

05 자신이 가지고 있는 소지품을 어디서 샀는지 기억이 안 날 때가 있다. (점)

06 모르는 사람이 다가와서 나를 다른 이름으로 부르거나, 전에 만난 적이 있다고 말한 적이 있다. (점)

07 마치 자기 자신 옆에 자기가 서 있는 것처럼 느껴지거나, 자신이 남을 보고 있는 것처럼 느낄 때가 있다. (점)

08 친구나 가족을 못 알아본다는 말을 들을 때가 있다. (점)

09 결혼, 이사 등 일생에서 중요한 과거사 중 어떤 일은 완전히 잊고 있었다. (점)

10 거짓말을 분명히 하지 않았는데 다른 사람으로부터 비난을 (점)
받을 때가 있다.

11 거울을 볼 때, 자신이 아닌 것 같은 느낌이 든다. (점)

12 주위에 있는 사람들, 물건, 세상 등이 실제가 아닌 것처럼 (점)
느껴진다.

13 몸이 내 것이 아닌 것 같은 느낌이 든다. (점)

14 가끔 과거의 어떤 일에 대한 기억이 너무나 생생히 되살아 (점)
나서, 마치 그 일이 다시 일어나고 있는 것처럼 느낄 때가
있다.

15 가끔 자신이 기억하고 있는 일이 과거에 실제로 일어났던 (점)
건지, 아니면 단지 꿈을 꾸었던 것인지 애매할 때가 있다.

16 익숙한 장소에 있으면서, 어쩐지 이상하고 낯선 느낌이 들 (점)
때가 있다.

17 TV나 영화를 볼 때, 너무 몰두한 나머지 주위에서 무슨 일 (점)
이 일어나는지 모를 때가 있다.

18 상상이나 백일몽에 깊이 빠져 실제로 그런 일이 일어나는 (점)
것 같은 느낌이 든다.

19 몸을 다치거나 어떤 병이 났을 때, 통증을 무시할 수 있다. (점)

20 가끔 아무것도 생각하지 않은 채, 허공을 바라보며 멍하니 (점)
있을 때가 있다.

21 종종 소리를 내어 스스로에게 말할 때가 있다. (점)

마음치료 처방전

22 종종 다른 때와 너무 다르게 행동해서 자신이 전혀 다른 사람인 것처럼 느낄 때가 있다.　　　　　　　　(　　　점)

23 평소 같으면 어려웠을 일을 때로 아주 쉽게 처리할 때가 있다.　　　　　　　　(　　　점)

24 자신이 어떤 일을 실제로 했었는지 또는 단지 생각만으로 그쳤는지 헷갈릴 때가 있다.　　　　　　　　(　　　점)

25 기억나지 않는 일인데도 내가 그 일을 했다는 증거가 있는 경우가 있다.　　　　　　　　(　　　점)

26 자신이 쓴 글이나, 그린 그림이 있는데 기억이 안 나는 경우가 있다.　　　　　　　　(　　　점)

27 머릿속에서 자신에게 뭐라고 하는 소리를 들을 때가 있다.　　　　　　　　(　　　점)

28 마치 세상이 안개 속에 있는 것처럼 사람이나 물체가 희미하게 보일 때가 있다.　　　　　　　　(　　　점)

진단 결과

평균 2.5점 이상인 경우: 해리장애 가능성이 있음.

Q 엄마가 아버지와 심하게 다투고는 갑자기 기억을 못해요. 그 하루 동안의 기억이 전혀 없대요. 어떻게 해야 하죠? 혹시 도움이 될 만한 약이나 치료 방법이 있나요?

A 일시적인 해리성 기억상실 증상으로 생각됩니다. 시간이 지나면 별다른 후유증 없이 저절로 회복이 되기 때문에 크게 걱정하지 않아도 괜찮습니다. 기억을 되찾는 데 도움이 되는 약은 딱히 없습니다. 다만, 사건과 관련된 기억이 왜곡될 수도 있기 때문에 이를 교정하면 종종 외상 사건에 대해 자세히 기억할 수 있게 됩니다. 기억이 회복되고 나서 정신 치료를 하기도 하는데 이는 되돌아온 기억을 의식과 통합시키기 위해 하는 것입니다. 주로 외상 사건에 대한 감정을 다룹니다.

Q 할머니가 지난번에 일어났던 제 사고 소식을 듣고 갑자기 기억력이 확 떨어지셔서 계속 여기가 어디냐고 묻습니다. 설명을 해도 30분이면 다시 물어보세요. 아주 옛날 기억은 나시는 것 같은데 사고 이후 일어난 일은 자꾸 잊어버리십니다. 충격 때문에 뇌에 문제가 생긴 걸까요? 다행히 가족들은 다 알아보십니다. 이거 혹시 해리성 기억상실인가요?

A 뇌혈관의 혈액이 부족한 상태로 발생하는 일과성 기억상실이 의심됩니다. 충격적인 사건을 경험하고 기억을 잃었다는 점에서 해리성 기억상실과 비슷하지만 일과성 기억상실은 사건이 일어난 이후의 기억에 문제가 생기는 것이 특징입니다. 주로 60~70대에서 많이 발생하고 특정 사건만 기억 못 하는 것이 아니라 전반적인 기억을 모두 잃어버리게 됩니다. 그리고 자신이 기억상실이라는 것을 잘 모르는 환자가 많습니다. 일단 진료를 받아보는 것이 좋겠습니다.

Q 아는 언니가 서울에 살았는데 파혼하고 갑자기 실종되었어요. 가족이 1년 동안 찾아 헤매다가 결국 부산에서 발견했대요. 그런데 자기 이름도 모르고 가족도 알아보지 못하고 전혀 다른 이름으로 다른 사람이 되어 살아간다고 합니다. 이건 무슨 병인가요?

A 과거에 '해리성 둔주'라는 이름으로 따로 진단되었던 질환입니다. 갑자기 가정이나 직장을 떠나 예정에 없는 여행을 하며, 자신의 과거를 기억하지 못하고 새로운 정체성으로 살아갑니다. 최근 진단 기준이 바뀌면서 해리성 기억상실의 한 형태로 분류가 되었습니다.

Q 초등학교 5학년인 우리 아이가 그네를 타다가 떨어져서 머리에 다섯 바늘을 꿰맸습니다. 정신이 깨어나서 물어보니 그날 일을 기억하지 못해요. 왜 이런 거죠?

A 머리에 충격을 받으면 일시적으로 기억을 못 할 수도 있습니다. 대부분 기억은 돌아오니 너무 걱정하지 마세요.

참고 문헌

《Diagnostic and Statistical Manual of Mental Disorders-5th edition》, American Psychiatric Association, American Psychiatric Publishing, 2013

《Kaplan and Sadock's Synopsis of Psychiatry: Behavioral Sciences/Clinical Psychiatry 10th Editon》, Benjamin J. Sadock and Virginia A. Sadock, Lippincott Williams&Wilkins, 2007

《The American Psychiatric Publishing Textbook of Psychiatry 4th Edition》, Robert E. Hales, Amer Psychiatric Pub,2007

《Stahl's Essential Psychopharmacology: Neuroscientific Basis and Practical Applications 3th Edition》, Stephen M. Stahl, Cambridge University Press, 2008

—

《최신정신의학 제6판》, 민성길, 일조각, 2015
《쉽게 쓴 정신분석이론》, 최영민, 학지사, 2010
《해리장애》, 도상금, 학지사, 2000
《틱장애》, 조수철, 서울대학교출판부, 2005
《나는 사고뭉치였습니다》, 캐서린 엘리슨, 토드 로즈 공저, 문학동네, 2014
《다이어트 vs 다이어트 장애》, 마음과마음 다이어트장애 클리닉, 현문사, 2000
《EMDR 마음의 상처 치유하기》, 로렐 파넬, 문이당, 2008
《트라우마, 내가 나를 더 아프게 할 때》, 프랜신 샤피로, 수오서재, 2014
《불안하니까 사람이다》, 김현철, 애플북스, 2011
《불안한 당신에게》, 대안불안의학회, 생각속의집, 2013
《섭식장애를 위한 강화—인지행동치료》, 이정현, 하나의학사, 2011
《아이를 잘 키운다는 것》, 노경선, 예담Friend, 2007
《어젯밤 꿈이 당신에게 말하는 것》, 김현철, 나무의철학, 2013
《우리 아이가 식이장애라면》, 애비게일 H. 나텐슨, 하나의학사, 2004
《미움받을 용기》, 기시미 이치로, 고가 후미타케 공저, 인플루엔셜, 2014

혼자 아파하는 사람들을 위한

마음치료 처방전

초판 1쇄 인쇄일 2015년 09월 10일
초판 1쇄 발행일 2015년 09월 15일

지은이   김슬기
기획·그림   하이닥
발행인   이승용
주간   이미숙
편집기획부 김호주 정아영 김솔지   **디자인팀**   황아영 김선경
마케팅부   김선호 송영우 박치은   **경영지원팀** 이지현 김지희

발행처 |주|홍익출판사
출판등록번호 제1-568호
출판등록   1987년 12월 1일
주소   [121-840]서울 마포구 양화로 78-20(서교동 395-163)
대표전화   02-323-0421   **팩스** 02-337-0569
메일   editor@hongikbooks.com
홈페이지   www.hongikbooks.com

ISBN 978-89-7065-482-9 (03180)

이 도서의 국립중앙도서관 출판시도서목록(CIP)은
e-CIP 홈페이지[www.nl.go.kr/ecip]에서 이용하실 수 있습니다.
(CIP제어번호: 2015023911)

2014
다음 스토리볼 연재물